CLAUDIA DUWE

DER ZUKUNFT WIEDER TRAUEN

CLAUDIA DUWE

Der Zukunft wieder trauen

Verluste meistern
mit der Kraft des Löwen

Patmos Verlag

Wichtiger Hinweis: Die in diesem Buch enthaltenen Informationen, Hinweise und Übungen wurden nach bestem Wissen der Autorin erstellt und sorgfältig geprüft. Sie ersetzen jedoch nicht den persönlich eingeholten (psycho-)therapeutischen oder medizinischen Rat. Verlag und Autorin können für Irrtümer oder etwaige Schäden, die aus der Anwendung der dargestellten Informationen, Hinweise oder Übungen resultieren, keine Haftung übernehmen. Deren Nutzung bzw. Durchführung erfolgt auf eigene Verantwortung der Leserinnen und Leser.

Bibliografische Information der Deutschen Nationalbibliothek
Die Deutsche Nationalbibliothek verzeichnet diese Publikation
in der Deutschen Nationalbibliografie; detaillierte bibliografische Daten sind im Internet über http://dnb.d-nb.de abrufbar.

Gestaltung: Finken & Bumiller, Stuttgart
Druck: Finidr s.r.o., Český Těšín
Hergestellt in Tschechien
ISBN 978-3-8436-1295-1

INHALT

Nichts ist mehr, wie es war

Was macht uns zufrieden? Haus und Hof, Partner und Kinder, der passende Job mit dem passenden Verdienst und all das bei möglichst perfekter Gesundheit. Die Welt erkunden, während auch daheim die Türen stets für zahlreiche Freunde, Bekannte und Familienmitglieder offen stehen. Vielleicht noch ein Hund, ein Pferd oder Hühner im Garten – und in der Garage ein ansehnlicher Fuhrpark. Ein kleines Motorboot oder doch gleich eine Jacht? Nicht zu vergessen: die gefüllten Sparbücher und Lebensversicherungen als Absicherung für den Lebensabend. Könnte so der Blueprint für ein „erfolgreiches" Leben aussehen, wie er sich zwischen die Zeilen unserer Gesellschaft geschlichen hat? Ganz schön viel zu tun für einen kleinen Menschen, der gerade erst – mit nichts als sich selbst – auf die Welt gekommen ist. Und vielleicht richtet er sich dann danach, misst daran bewusst oder unbewusst den Grad seines Glücks. Wiegt sich in Sicherheit in seinem Streben entlang dieser Messlatte, die ihm Sinn und Sicherheit vermittelt, ein Lebensziel und immer wieder die Rückbestätigung, wie weit er schon gekommen ist.

Nehmen wir also an, wir bewegen uns irgendwo entlang dieser Skala, haben die Kontrolle über die Umstände scheinbar im Griff – und dann passiert etwas Außerplanmäßiges: Das Leben meldet sich zu Wort und hat uns vorher nicht gefragt.

LÖWENZEITEN   Jeder von uns begegnet wohl eines Tages dem Unvorhergesehenen, das unsere sorgfältig geschmiedeten Pläne und unsere alltägliche Ordnung ins Wanken bringt. Etwas passiert, das unser Dasein in ein „Davor" und ein „Danach" teilt. Wir möchten am liebsten die Augen davor verschließen – in der Hoffnung, dass es nur ein schlechter Traum war. Doch die Zeichen sind nicht zu übersehen: So beginnen Löwenzeiten. Vielleicht ganz plötzlich – oder vielleicht mit

etwas Vorlaufzeit und trotzdem unausweichlich. Wir haben kein Patentrezept zur Hand, wie wir „schnell mal eben" zur Normalität zurückfinden können. Das Leben fordert uns auf, Neuland zu betreten, und unsere Komfortzone ist erst mal gesprengt.

In jüngster Zeit, so scheint es, müssen wir uns verstärkt auf Löwenzeiten einstellen: der Verlust einer langjährigen Arbeitsstelle oder das Scheitern der hoffnungsvoll gestarteten Selbstständigkeit – viele Menschen haben es seit 2020 erlebt. Was für eine Herausforderung, den eigenen Alltag neu erfinden zu müssen, weil die bisherige Routine sich einfach in Luft aufgelöst hat! Etwa von jetzt auf gleich mit der ganzen Familie in der Sechzig-Quadratmeter-Wohnung zu sitzen, die Kinder im Homeschooling, die Eltern im Homeoffice, und alles soll simultan funktionieren – auf Arbeits- und Beziehungsebene.

Die Coronapandemie hat Veränderungen in unser Leben gebracht, hat alles aufgewirbelt und Fragezeichen hinter unsere vermeintlichen Sicherheiten gesetzt. Offensichtlich müssen wir immer flexibler werden, uns auf Umbrüche trainieren: Ein vorgezeichnetes Leben, in dem viele Entscheidungen nur einmal getroffen werden mussten, gehört immer mehr der Vergangenheit an. Offenheit ist gefragt, wenn Jobwechsel an der Tagesordnung sind und viele Löhne längst nicht mehr für ein komfortables Leben ausreichen, Wohnortwechsel immer öfter nötig werden und Familien- und Partnerschaftsformen auf dem Prüfstand stehen.

Doch was macht es innerlich mit uns, wenn wir immer öfter unsere emotionalen und physischen Zelte abbrechen und an anderen Orten neu aufbauen müssen?

DIE DUNKLE NACHT DER SEELE Schwierige Phasen gehören zum Leben, doch manche fühlen sich ungleich größer an als andere. Wenn ein Ereignis uns so erschüttert, dass es an unserem Lebensmut nagt, spricht man auch von der „dunklen Nacht der Seele". Dieser Begriff stammt vom mittelalterlichen Mystiker Johannes vom Kreuz und ist der Titel eines seiner Gedichte, die er in neunmonatiger Gefangenschaft schrieb. Im dunkelsten Kerker saß er – und sah diese „dunkle Nacht" als Stufe zum Allerhöchsten: zu Erlösung und Glückseligkeit.

„Tief in des Dunkels Schoß, verborgene Stufen längs, vermummt, umdichtet – o wunderseliges Los!"

JOHANNES VOM KREUZ (1542–1591),
DIE DUNKLE NACHT DER SEELE

Löwenzeiten kommen ungebeten und scheinen uns schier über unsere Kräfte zu fordern. Doch im Rückblick können wir sie oft als wichtige Wegweiser erkennen. Nicht selten bringen sie unserem Leben eine ganz neue Richtung – vielleicht anfangs notgedrungen –, die wir sonst nicht eingeschlagen hätten. In der dunkelsten Stunde, so lernen wir aus der Erfahrung des Mystikers, liegt die große Chance: Eine Tür öffnet sich, um unser Dasein neu auszurichten.

EINMAL BITTE RETOUR! Es kann sein, dass wir in unserer Bestürzung das Geschehene nicht wahrhaben wollen. Wo bitte kann ich diesen Schmerz zurückgeben? Wo geht es zurück zu dem Alltag, den ich vorher hatte – möglichst schnell wieder auf sicheres Terrain? Wir schauen uns suchend nach der Tür um, auf der „Exit" steht – der Ausgang aus den erschreckenden Umständen. Vielleicht können wir für das ungebetene „Geschenk", das uns das Leben hier gemacht hat, ja einfach die Annahme verweigern? Oder es zurückgeben? Doch so einfach ist es nicht. „I guess they won't exchange the gifts that you were meant to keep", singt Leonard Cohen in „A thousand kisses deep": „Ich denke, sie werden nicht umtauschen, was für dich bestimmt war." Manchen großen Herausforderungen können wir offenbar nicht ausweichen, sie scheinen für uns vorgesehen zu sein. Es bleibt uns nur, einen Weg zu finden, wie wir mit ihnen umgehen. Wie wir sie im besten Fall meistern und daran wachsen.

Und wenn wir sie nicht meistern? Vielleicht dauern sie dann länger als vorgesehen, unabsehbar lang. Dieser Weg scheint kaum verlockend. Sicher können wir uns eine Zeit lang ablenken, können unsere Gefühle wegdrücken oder unser Leben, so gut es geht, aus unserem Blickfeld schieben. Doch wie lebt es sich dauerhaft in der Löwenhöhle? Ein glückliches, freies Leben scheint so nicht möglich.

DER LÖWE ALS KRAFTTIER Während diese Zeilen entstehen, steht der Neumond im Löwen. Es ist vier Uhr morgens und ein Zauber liegt in der Luft. Der Löwe hat sich als Begleiter für dieses Buch angeboten. Löwenzeiten, sagt er, sind Zeiten, in denen ich neben dir gehe. In denen du mich kennenlernen darfst, um ganz neue Kräfte in dir zu entdecken. Das klingt verlockend, doch braucht es auch Mut. Wer stellt sich schon gern einem gefährlichen Löwen, wenn er nicht lebensmüde ist?

Durch schmerzliche Ereignisse sehen wir uns vielleicht buchstäblich „in die Höhle des Löwen" geworfen, und unsere natürliche Reaktion ist Panik. Doch erinnern wir uns an die Bibelgeschichte, aus der dieser Begriff stammt: Daniel hat die Löwengrube im Vertrauen auf höhere Führung heil überstanden. Wenn wir es wagen, den Löwen als das wahrzunehmen, was er ist, nämlich eine starke innere Kraft, können wir einen machtvollen Freund gewinnen.

In ihrem Buch „Krafttiere begleiten dein Leben" beschreibt Jeanne Ruland den Löwen als „Sinnbild für die eigene Mitte", als Krafttier, das den Königsweg weist. In der Astrologie steht der Löwe für das Herz. Es gilt also, den Lebensweg mit Herz zu gehen. Sinnbildlich können wir in der Höhle des Löwen den Abstieg in unser Innerstes sehen, an den Ort unserer tiefsten Gefühle. In unserem Herzen begegnen wir dem Schmerz – wenn wir den Mut dazu haben. Wir wurden in die Höhle geworfen, und der Weg scheint nur hinauszuführen, wenn wir uns der Situation stellen – das jedenfalls empfiehlt uns der Löwe.

LÖWENREISE DURCH DEN SCHMERZ Vielleicht stehst du gerade vor einem Umbruch oder haderst mit einem Verlust und fragst dich, wie es nun weitergehen soll. Dieses Buch möchte dich mit auf eine Reise nehmen. Es ist eine Reise, die nicht nach außen, sondern nach innen führt. Sie hat drei Stationen – und so hat dieses Buch auch drei Teile:

Teil 1: Löwenhöhle – dem Schmerz begegnen
Teil 2: Löwenruhe – eine (Aus-)Zeit für Heilung
Teil 3: Löwenkräfte – eine Zeit der Neuausrichtung

Die Löwenreise ist eine Schatzsuche: Du machst dich auf den Weg, um herauszu-finden, wer du eigentlich bist und wie du deine innere Kraft nutzen kannst. Dabei begleitet dich der Löwe als Krafttier und Mentor. Er hält für dich schnell umsetzbare Übungen und Anregungen bereit, mit der Einladung, dir die herauszu-picken, die dich ansprechen und zu dir passen. Das Buch möchte ein Mitmachbuch sein, in dem du deine Reiseerfahrungen selbst sammeln und verarbeiten kannst. Du kannst prüfen, was für dich stimmig ist und was sich für dich gut und richtig anfühlt. So kannst du dich selbst besser kennenlernen. Und wenn du magst, kannst du dir ein Notizbuch zulegen, um deine persönlichen Erkenntnisse festzuhalten. Denn, wie Siddharta bei Hermann Hesse sagt: „Wissen kann man mitteilen, Weis-heit aber nicht." Und so gibt es am Ende keinen besseren Schatz als ein kleines Notizbuch, das gefüllt ist mit deinen persönlichen Entdeckungen und Aha-Erleb-nissen. Bist du bereit für die erste Löwen-Übung? Der Löwe schlägt dir vor, einmal zu orten, wo du gerade stehst und wie es dir geht.

Momentaufnahme

Nimm dir ein Blatt oder eine neue Seite in deinem Notizbuch und zeichne in die Mitte ein Strichmännchen: Das bist du.
Schreibe rund um das Männchen, mit Strichen oder Pfeilen davon abgehend, Aspekte oder Gedanken, die dich im Moment beschäftigen und dein Leben gerade beeinflussen. Lass dir nicht zu viel Zeit, sondern notiere spontan, was dir einfällt. Diese „Impulsantworten" sind meist am treffendsten!
Gib deinem Bild eine Überschrift als übergeordnetes Thema. Es kann auch ein Motto oder eine Frage sein. Notiere sie über deiner Skizze.
Finde das vorherrschende Grundgefühl zu deinem Bild und schreibe es unter die Skizze.

Nun hältst du deine Momentaufnahme in Händen – in der Strategie-schreibung würde man sagen: den „Ist-Zustand". Du hast sozusagen ein emotionales Foto gemacht und abgebildet, was dich gerade beschäftigt. Wie fühlst du dich mit dieser Momentaufnahme? Löst sie Gefühle oder Impulse in dir aus? Bist du überrascht von einigen Aspekten auf der Skizze, die dir vorher vielleicht gar nicht bewusst waren?
Wenn du magst, lass das Bild ein paar Minuten auf dich wirken, mehr brauchst du damit für den Moment nicht zu tun. Doch bewahre es auf, da wir am Ende des Buches noch einmal darauf zurückschauen.

DIE RUHE NACH DEM STURM Nach der „Löwenbegegnung in der Höhle" (Teil 1 hier im Buch) ist eine Zeit des Ausruhens und Innehaltens sinnvoll. Der Löwe hat uns hierzu eine Tarot-Karte mitgebracht: Es ist der „Eremit": Im Rider-Waite-Tarot ist auf der Karte ein Mann mit Umhang zu sehen. Der Umhang wirkt wie eine Trennwand zur äußeren Welt. Es ist Nacht, und alles ist ruhig. Das Bild scheint zu sagen: Es braucht jetzt Rückzug, um dir über den weiteren Weg bewusst zu werden. Rückzug heißt, das Kino findet in dir statt: Fernsehen oder Smartphone haben hier keinen Platz.

Das Innehalten soll unsere Seele bereichern und uns auf einen erfolgreichen Neu-beginn vorbereiten. Die Laterne des Eremiten leuchtet dabei hell: In der Abge-schiedenheit geht ihm ein Licht auf. Wenn wir den Rat des Rückzugs befolgen, wartet im Tarot die nächste Arkana-Karte auf uns – das Glücksrad. Mit ihm kommt neue Bewegung in unser Leben. Gute Aussichten – oder?

DIE BERATSCHLAGUNG DER GÖTTER Eine Geschichte aus dem alten Griechenland erzählt, wie die Götter des Olymp sich einst berieten: Gerade hatten sie die Erde, den Menschen und die Tiere geschaffen – und nun rätselten sie, wo das Geheimnis des Lebens am besten verwahrt werden sollte, bis der Mensch in seinem Bewusstsein bereit wäre, dass es sich ihm offenbart. Auf dem höchsten Berg? Auf dem tiefsten Meeresgrund? Die Götter fürchteten, zu beidem würde der

Mensch beizeiten vordringen. Da fanden sie die Lösung: „Lasst uns das Geheimnis des Lebens am letzten Ort verstecken, wo der Mensch jemals suchen wird: in ihm selbst!"

Es braucht also Innenschau, um das Licht zu entzünden und den Schatz zu finden. Hierfür müssen wir in der „äußeren Welt", in unserem Alltag aktiv die Zeit und den Raum schaffen (mehr dazu in Teil 2). Es ist eine Entscheidung, die wir fällen, doch wo ein Wille ist, ist auch ein Weg. Der Eremit auf der Tarot-Karte hält in der Hand einen Stab als Symbol für sein Vertrauen: Er ist nicht allein, sondern mit den höheren Mächten verbunden – und damit geführt!

NACH VORNE SCHAUEN STATT ZURÜCK Gerade in Umbrüchen und schwierigen Phasen ist es wichtig, den Blick für die Zukunft nicht zu verlieren. Gedanken wie „Wie soll es jetzt weitergehen?" oder „Jetzt ist alles zu Ende" können so vorherrschend sein, dass wir gar nicht mehr an eine gute Zukunft glauben – dabei ist sie doch unser Potenzial. Und sie kann sogar richtig gut werden, sagt der Löwe: Je mehr deine Lust auf das Leben zurückkommt, desto mehr rücken Angst und Mutlosigkeit wieder aus dem Blickfeld. Dann tun sich plötzlich neue Möglichkeiten auf. Es gilt also, den Blick für das Kommende nicht zu verlieren und dafür offen zu bleiben. Wie das gelingt, ist unser Thema im dritten Buchteil.

Der Löwe lädt uns ein, aus unserer Mitte heraus zu leben, erinnerst du dich? Was, wenn dein Leben nach der Krise viel authentischer und damit viel intensiver ist als vorher? Ist das allein nicht schon Anreiz, um dich der Höhle des Löwen zu stellen? Zu erkunden, was der Löwe von dir will und welche Nachricht er für dich hat?

*In Löwenzeiten
können Löwenkräfte entstehen –
wusstest du das?*

TEIL 1

Löwenhöhle

Jeder Anfang ist immer nur die Hälfte des Ganzen – alles, was beginnt, endet auch wieder. Trotzdem kommt ein Verlust oft unerwartet. Er kann uns in eine Art Ausnahmezustand versetzen: Wir fühlen uns wie betäubt. Was ist nun zu tun?

Nehmen wir unseren Mut zusammen, stellen wir uns den bedrohlichen Gefühlen und schauen wir in der Höhle nach dem Löwen: Wie angriffslustig ist er – und was will er überhaupt von uns?

Es tut weh!

Natürlich begegnen uns im Alltag mitunter Probleme. Wir haben sie nicht eingeladen, dennoch klappt es meist irgendwie, Lösungen zu finden – oder eben zu warten, bis es vorbeigeht. Doch wenn plötzlich etwas passiert, das wir in seiner Tragweite nicht fassen können, sind wir überfordert: Dies übersteigt alles, was ich bisher geschafft habe. Ich weiß nicht, was ich tun soll. Es tut unsagbar weh. Es gibt dafür keine Worte.

Im ersten Moment ist uns das vielleicht nicht einmal bewusst. Ein Beispiel: Tom wird zum Gespräch beim Chef gerufen und dieser eröffnet ihm, dass seine Stelle in Kürze wegfallen wird, weil eine Zweigstelle geschlossen werden muss. Immerhin verliert Tom nicht seinen Job, sondern wird von Norddeutschland nach Bayern versetzt, gute 800 Kilometer entfernt von seinem Zuhause und seiner Familie. Während des Gesprächs bleibt er noch recht ruhig. Erst in den folgenden Wochen wird ihm und seiner Familie klar, was es bedeutet, dass er sich räumlich so drastisch verändern wird: Fernbeziehung, häufiges Pendeln, kaum mehr Zeit mit den Kindern. Die Abende mit seinen Kumpels unter der Woche fallen weg. Er ist nicht mehr da, um die Kinder mit zur Schule zu nehmen oder abends vom Training abzuholen. Seine Frau muss dies alles nun übernehmen – und ihrerseits ihren Zeitplan ganz neu ordnen. Tom, der seine Heimat noch nie verlassen hat, fühlt sich, als sei sein Leben gesprengt worden. Zugleich bekommt er von seinem Umfeld zu hören, dass solche Versetzungen heutzutage an der Tagesordnung und „kein großes Ding" seien.

Eine Bekannte von Tom, nennen wir sie Anna, macht Ähnliches auf anderer Ebene durch. Ihre geliebte Katze verstirbt plötzlich. Sie hatte zu ihr eine ganz besondere Verbindung und hat vorher noch nie ein Haustier verloren. Bekannte und Freunde sprechen ihr zwar Trost zu, doch scheinen sie ihren Schmerz nicht allzu ernst zu nehmen, weil sie keine ähnlichen Erfahrungen gemacht haben. Zu Annas Trauer kommt das Gefühl der Verunsicherung: Sie kann es nicht einordnen, dass der Tod ihrer Katze sie offenbar weit mehr beschäftigt, als es „normal" wäre. Sie würde am liebsten eine Auszeit nehmen, um über vieles nachzudenken, zieht diesen Schritt aber nicht wirklich in Betracht. Ihre Mitmenschen spiegeln ihr, dass sie zu sensibel reagiert, die Dinge „nicht so ernst" nehmen soll. Schlussendlich folgert Anna auch selbst daraus, dass sie sich trotz Trauer wohl „zusammenzureißen" hat.

UNFASSBAR Schmerz ist kein eindimensionales Gefühl. Beide Geschichten zeigen, wie nach dem auslösenden Ereignis ein großes Wirrwarr an Gefühlen Fahrt aufnimmt. Ein Teil von uns spürt Erstarrung und Schmerz, ein anderer Teil von uns bewertet diese Gefühle bereits, und gleichzeitig strömen noch die Meinungen und Ratschläge unserer Mitmenschen auf uns ein.
Außerdem beschäftigt uns das „Warum". Fragen wie: „Wie konnte das passieren? Warum gerade ich?" lassen uns womöglich nicht los. Unsere Gefühle können widersprüchlich sein und von Trauer und Bestürzung bis hin zu Wut, aber auch Erleichterung reichen. Wie menschlich und nachvollziehbar ist es, in diesem Chaos zu sagen: Ich kann nicht mehr! Wie soll es denn jetzt weitergehen? Meine Kraft reicht nicht!
Verluste und Herausforderungen bringen uns von jetzt auf gleich in extremen Stress. Stress lähmt uns körperlich, beeinflusst unseren Schlaf und unser Immunsystem – und er macht es uns so gut wie unmöglich, gerade mal „ganz in Ruhe" und neutral nachzudenken und eine sinnvolle Entscheidung zu fällen. Sind wir darauf nicht vorbereitet, verstärkt sich die bestürzende Annahme, dass wir plötzlich nicht mehr „funktionieren".
Was hilft in solchen Momenten? Zunächst einmal: Sei nachsichtig mit dir und verurteile dich nicht für deine Gefühle. Und dann versuche doch mal, sie etwas näher zu betrachten. Was ist es, das am meisten schmerzt? Kannst du es auf den Punkt bringen, so exakt wie möglich benennen? Wenn du beginnst, den Schmerz für dich zu sortieren, entsteht bereits ein Stück mehr Klarheit. So kann der Nebel beginnen sich zu lichten.

ES IST NICHT MEHR ZU ÄNDERN Schlüsselsituationen in unserem Leben können sich im Rückblick anfühlen, als ob wir gar nicht wirklich anwesend gewesen sind, sondern nur als Beobachter über der Situation schwebten. Vielleicht sagen oder entscheiden wir in diesen Momenten etwas, ohne dass wir es wirklich wollen. Vielleicht sind wir in Umstände geraten, die uns im Nachhinein völlig fremd erscheinen. Wir fühlen uns wie Marionetten, die gelenkt werden, so als wären hier höhere Mächte am Werk.

Vielleicht gab es ein unerwartetes Streitgespräch, dessen Ausgang und Konsequenzen uns unbegreiflich sind. Vielleicht wollten wir noch etwas richtigstellen, etwas erklären oder etwas Gesagtes zurücknehmen, doch wir kamen gar nicht dazu. Warum hat er oder sie so reagiert? Wie bin ich in diese Situation geraten? Für den Moment erhalten wir keine Antwort. Wir springen in der Löwenhöhle hin und her, und wo wir auch landen, bleiben wir dem Löwen ausgesetzt. Wir finden in diesem Stadium (noch) keine Ruhe – was tun?

Schreib es dir von der Seele!
Nimm ein Blatt oder dein Notizbuch und schreib einen Brief, der nicht für die Post bestimmt ist. Du kannst diesen Brief an einen Menschen adressieren oder an dein Vergangenheits-Ich, das sich in einer schwierigen Situation befand, oder an deine göttliche Führung, wenn du magst. Schreib dir von der Seele, was du anders hättest machen wollen, was du vielleicht noch hättest sagen wollen, wozu du aber keine Chance mehr hattest.
Was tut dir leid? Wo fühlst du dich missverstanden? Gibt es Aspekte, die du erst jetzt siehst, die du vielleicht bisher nicht sehen wolltest? Je ehrlicher du in dem Brief schreibst, desto mehr Erleichterung und Klarheit bringt dir diese Übung.

Nicht verschickte Briefe transportieren ihre Nachricht häufig trotzdem. Vielleicht hast du das schon einmal erlebt? Du denkst darüber nach, was du jemandem sagen möchtest – und am nächsten Tag meldet sich der andere bei dir, ganz ohne dass er deine Gedanken gehört oder deine Zeilen erhalten hat. Er oder sie spürte die Nachricht intuitiv. Vielleicht kann selbst ein Verstorbener deine Gefühle und Gedanken „von oben" noch wahrnehmen und dir eine Antwort zukommen lassen. Unbegreifliches gehört zu den Dingen, mit denen am schwierigsten umzugehen ist. Wir müssen uns damit zufriedengeben, dass wir nicht für alles eine Erklärung haben, nicht alles verstehen. Wir kennen nie alle Gründe für ein Ereignis oder alle Handlungsmotive eines anderen. Häufig liegen die Ursachen an anderer Stelle als vermutet.

Du machst dir Vorwürfe, weil du dich in einem Gespräch oder einer Situation anders hättest verhalten wollen? Dann wage ein Gedankenexperiment: Angenom-

men, du hättest die Dinge nach deiner Ansicht „besser" gemacht, wäre dies nicht auch nur eine Verschiebung der Tatsachen gewesen? Wäre die Situation vielleicht zu einem späteren Zeitpunkt trotzdem oder ganz unabhängig von dir zu demselben Ende gekommen?

Könnte es also sein, dass alles den Gang ging, wie es kommen sollte? Dass wir durch einen schmerzhaften Auslöser auf den Weg geschickt wurden, unser wirkliches Glück zu suchen und uns nicht mit weniger zufriedenzugeben? Dass unsere innere (und äußere) Welt in Aufruhr gebracht wurde, damit wir die einzelnen Puzzleteile noch einmal genauer betrachten und wieder neu, diesmal anders, zusammensetzen?

Sacken lassen

Im Moment strömen so viele Gefühle auf dich ein, dass dein normaler Alltag außer Kraft gesetzt ist. Zwar ist es dir vielleicht schon gelungen, sie besser zu sortieren, dennoch fühlst du dich in diesem Stadium wahrscheinlich mittendrin, oder, wie es auch heißt, du „stehst neben dir".

Umso wichtiger ist es, dass du dich jetzt so gut es geht um dein Wohlergehen kümmerst, damit du erst einmal Tag für Tag „überleben" und körperlich gut durchstehen kannst. Für unsere Grundbedürfnisse zu sorgen, lenkt uns ein wenig vom Schmerz ab. So entsteht eine Art Grundgerüst, ein Rhythmus, der uns Halt gibt. Wir können nicht zwanzig Stunden im Sessel sitzen bleiben und heulen, wir müssen zwischendurch eben auch mal essen und schlafen. Wir müssen irgendwann einkaufen gehen oder den Abfall raustragen. Diese Dinge sind in der Regel unvermeidbar, sie fallen einfach an, egal, in welchem Gefühlszustand wir uns befinden. Und so paradox es klingt: Es kann trösten, den Abfall rauszutragen und dabei wahrzunehmen, dass manches sich nicht geändert hat und immer noch so ist wie vorher.

Es sind die einfachen Dinge, die uns in schwierigen Zeiten helfen.

Was ist gut für dein Wohlbefinden und braucht keinen großen Aufwand? Atmen! Meist atmen wir zu wenig, wenn wir sehr angespannt sind. Nimm immer mal wieder tiefe Atemzüge, am besten an der frischen Luft. Das tut gut! Natürlich wissen wir das, aber es ist eben wichtig, im richtigen Moment wieder daran zu denken. Auch Bewegung und Spaziergänge helfen, den Körper zu lockern. Dadurch kann dein Schlaf wieder besser werden, und du fühlst dich gekräftigt. Überlege kurz: Trinkst du eigentlich genug? Wenn nicht, schenk dir vor jeder Mahlzeit noch ein großes Glas ein. Im Moment geht es darum, die Erstarrung, die durch den Schmerz eingetreten ist, behutsam aufzuweichen und wieder in die Lebendigkeit zu kommen. Geh dabei liebevoll mit dir um und gönn dir dein eigenes Tempo.

Körper-Check
Wie fühlt sich dein Körper gerade?
Hast du Durst? Trinkst du genug?
Hast du Hunger? Wann hast du das letzte Mal etwas gegessen?
Was könntest du dir jetzt Gutes tun?

Ein heißes Bad (oder eine heiße Dusche) entspannt deine Muskeln. Falls du Schüssler-Salze magst, stelle dir ein paar Salze zusammen, die dich unterstützen, zum Beispiel die „heiße Sieben" als extra Magnesium-Lieferant; zur passenden Auswahl von Schüssler-Salzen gibt es viel Literatur, oder du holst Rat von einem Arzt oder Heilpraktiker.

HAST DU EIN TAGEBUCH? Viele Menschen berichten, dass Tagebuch-schreiben ihnen geholfen habe, schmerzvolle Tage zu überstehen, die Gefühle besser einzuordnen und langsam wieder in Bewegung zu kommen. Mit unseren Gefühlen formen wir Meinungen über uns selbst. Oft unbewusst schieben wir uns in eine Schublade: „Jetzt fühle ich wieder das, typisch! Nun ist mir das wieder passiert, weil ich nicht richtig reagiert habe! Ich habe einfach nichts daraus gelernt." Das Tagebuchschreiben hilft, Ereignisse zu verarbeiten und uns besser zu verstehen. Unser Tagebuch ist ein Raum, den wir komplett mit uns selbst ausfüllen dürfen. Es hört uns endlos zu, es missversteht uns nicht und richtet nicht über uns. Und nicht nur das Schreiben kann hilfreich sein, sondern auch das Tagebuchlesen. Schreibst du schon seit Jahren, dann nimm in schweren Stunden dein Tagebuch zur Hand und lies darin. Plötzlich erinnerst du dich an längst vergangene Situatio-nen und vielleicht auch daran, wie du sie gemeistert hast. Das Tagebuch zeigt dir zudem, dass es immer irgendwie weitergegangen ist: Vielleicht gab es Momente, in denen du nicht weiterwusstest – und dennoch folgen danach wie selbstverständlich weitere Einträge, die Probleme haben sich gelöst. Vielleicht brauchte dies auch einige Zeit, sogar Jahre, und an deinen Aufschrieben und Erzählungen kannst du erkennen, wie du das Problem bewegt und damit gearbeitet hast. Wie du damit umgegangen bist, sodass es am Ende vielleicht gar keines mehr war, obwohl die Umstände sich nicht geändert haben. Mit deinem Tagebuch hast du dokumentiert, wie sich im Lauf der Zeit deine Sichtweise auf bestimmte Dinge gewandelt hat.

KLEINE DINGE TUN Es kann sein, dass dein normaler Alltagsrhythmus in dem ganzen Trubel gerade untergegangen ist. Vielleicht hast du dir ein paar Tage oder Wochen freinehmen müssen. Vielleicht gibt es gerade außerplanmäßige Dinge, um die du dich kümmern musst. Der emotionale Stress, die Plötzlichkeit, mit der die Umstände vielleicht auf dich zukamen, und das Herausgeworfen-Werden aus dem gewohnten Rhythmus – ganz schön viel auf einmal! Wie kannst du damit umgehen? Natürlich ist es gut, irgendwann wieder in einen Rhythmus zu finden – dazu kom-men wir in Teil 2. Für den Moment frage dich jedoch einfach: Was liegt heute an? Was will und muss erledigt werden und was tut mir heute gut? Alles, was du nicht tun willst und was noch warten kann, schiebe auf. Du musst nicht heute dein restliches Leben planen, alle Antworten finden oder alle Scherben zusammenfegen. Eine Tasse Tee, ein ruhiger Moment und eine Kerze sind schon ein Anfang. Vielleicht ziehst du einfach los und legst dir gleich einen Vorrat von deinem Lieblingstee oder -kaffee an. Oder du schreibst dir ein paar Ideen auf, was du in den nächsten Tagen an einfachen, gesunden Gerichten kochen könntest, und was du dafür brauchst. Manchmal tut es auch gut, sich abzulenken, indem man Aufgeschobenes erledigt. Fast immer fühlt man sich hinterher besser. Die Bügelwäsche von letzter Woche. Den Schreibtisch aufräumen und wieder klarsehen. Auch Fensterputzen kann Klarsehen begünstigen. Und mit ein bisschen Hintergrundmusik geht es fast schon als Workout durch. Einmal Großeinkauf machen, sodass du die Woche über nicht noch mal losmusst. Überlege, mit welchen relativ kleinen Aktionen du dir selbst im Moment die größtmögliche Unterstützung geben kannst. Vielleicht setzt du dich auch aufs Rad oder gehst schwimmen. Vielleicht möchtest du dich einfach nur zurückziehen und die Tür hinter dir zumachen. Tu, wonach dir ist. Nur eines nicht: Schau nicht auf die Zukunft wie auf einen riesigen Berg, der nicht zu erklimmen ist. Schau nur einen Tag nach dem nächsten an.

Stell dich dem Schmerz

Bist du ausgeschlafen und von einem nahrhaften Mahl gesättigt? Hast du es warm und gemütlich und fühlst dich aufgrund dieser Erfreulichkeiten schon wieder ganz passabel? Dann können wir den nächsten Schritt wagen: uns der Situation offen zu stellen, genau so, wie sie jetzt ist.

Manchmal fürchten wir, dass die Wahrheit zu groß ist, als dass wir sie aushalten können. Doch Schmerz hat ja den Sinn, uns auf Größeres vorzubereiten, uns auf eine neue Ebene zu heben. So weiten wir unseren Horizont und eignen uns neue Kräfte an, die uns als Belohnung fortan zur Verfügung stehen.

Wenn wir uns dem Schmerz stellen, kommen wir ihm noch ein bisschen näher – und darin liegt die Chance, dass er an Bedrohlichkeit verliert. Indem wir ihm begegnen, können wir den Knoten lösen, können uns den Löwen zum Freund machen. Vermeiden wir die Begegnung, zum Beispiel, indem wir uns dauerhaft ablenken, bleiben wir unfrei. Wir drücken einen Teil von uns weg (was viel Energie kostet), dabei hätte es einen anderen Weg gegeben.

WAS HEISST DENN NUN „BEGEGNEN"? Heißt es nicht immer, wir sollen optimistisch sein? So oft es geht, eine gute Zeit haben und unser Leben genießen? Wäre es aus dieser Sicht dann nicht besser, wenn wir den Schmerz einfach ausblenden, ihn gar nicht erst an uns heranlassen würden? Denn wo soll uns das hinführen? Am Ende zieht der Schmerz uns noch mehr nach unten. Wie passen also Schmerzbegegnung und Lebensfreude, Optimismus zusammen – und wo treffen sich die beiden?

Der Löwe rät uns nicht, uns vom Schmerz in die Tiefe ziehen zu lassen und mit ihm unterzugehen. Und er begrüßt es sogar, wenn wir uns gerade in den ersten Tagen bewusst ablenken, indem wir schöne Dinge tun, die uns zur Ruhe kommen lassen oder vielleicht sogar aufheitern, uns zum Lachen bringen können. Wir trauern – ein guter Milchkaffee darf uns trotzdem schmecken. Wir sind tief betrübt – trotzdem können wir auch mal herzlich über einen Witz lachen. Wir sind vielleicht erschöpft und übermüdet – gerade dann ist es doch sinnvoll, wenn wir es schaffen, einen Massage-Termin zu vereinbaren.

MIT DEM SCHMERZ LEBEN, NICHT GEGEN IHN Es ist erheblich gesünder, mit dem Schmerz zu leben und nicht gegen ihn – davon ist der Löwe überzeugt. Nicht in ihm zu versinken, aber dem Schmerz die Hand zu reichen, offen mit ihm umzugehen.

> Ein echtes Lächeln lächelt den Schmerz nicht weg.
> Es lächelt mit ihm – und wird dadurch lebendig.

Es gibt so viele Möglichkeiten, uns dauerhaft abzulenken. Durch Serien oder soziale Netzwerke oder so viele Termine, dass keine Zeit bleibt, um uns selbst jemals begegnen zu müssen. Wie oft nehmen wir uns die Zeit, uns täglich wenigstens einmal selbst zu fragen, wie es uns geht? Jede Erledigung, jeder Termin oder jede Aktivität erscheint uns leichter – und wichtiger. Es ist, als würde das Hamsterrad unserer täglichen Aktivitäten und Ablenkungen uns am Laufen halten, aber eben nicht auf der authentischen Bahn, sondern auf der Nebenspur, also in gewisser Weise auf der „schiefen Bahn". Wir spüren dies unterschwellig, sind uns dessen mal mehr, mal weniger bewusst: Wir fühlen uns vielleicht, als würden wir sehnlichst auf etwas warten, ohne zu wissen, was es eigentlich ist. Wir verfangen uns in allem, was ständig zu tun ist, kommen nie richtig zur Ruhe, kommen nie an. Wir laufen dann vor uns selbst davon.

Doch unser Schmerz bleibt Teil von uns. Es kostet nicht nur viel Energie, ihn ständig wegzudrücken, sondern wir verpassen auch Möglichkeiten, mehr über uns selbst herauszufinden. Je besser wir aber über uns Bescheid wissen, umso gezielter können wir unseren Weg gehen und unser Glück verfolgen. Je mehr wir uns selbst gegenüber „zulassen", umso besser können wir uns auch mit Mitgefühl und Liebe begegnen.

> ### Wenn wir also die Entscheidung treffen, das Handy einfach mal wegzulegen – ja, was dann?

Das Internet und unsere Smartphones sind eine große Verführung, wenn es darum geht, uns wieder einmal von uns selbst abzulenken. Schaffen wir es, dennoch zu verzichten – ja, was dann? Möglicherweise fallen wir erst mal in eine Leere. Und es kommen die unguten Gefühle hoch, so wie morgens beim Aufstehen: Ach, da war ja noch was … ach nein, gestern ist ja das passiert. Oh, mein Gott! Doch lieber erst mal Netflix …

Oder eben mal nicht und dafür ein kleiner Spaziergang? Oder ein Espresso bei ruhiger Musik? Ein bisschen durchatmen und spüren, was kommen will? Vielleicht mal die

Augen schließen? Wie fühle ich mich eigentlich? Wie fühlt sich mein Körper? Was beschäftigt mich? Mit dem Schmerz sein, beginnen, sich selbst Verständnis zu schenken, anstatt die Gefühle schon wieder vorschnell zu bewerten oder abzulehnen.

DAS ENDE DER SEIFENBLASE Im Grunde kann sich unser Leben von einem Tag auf den anderen komplett ändern. Doch solange das nicht der Fall ist, tun wir, als könne uns das niemals passieren. „Das könnte ich niemals schaffen", beteuern wir der Bekannten, die alleinerziehend ist. „Das würde mir zu viel Angst machen", erzählen wir dem Ex-Kollegen, der nach seinem Rausschmiss versucht, sich selbstständig zu machen. Wir geben ein Lob und wähnen uns zugleich selbst auf der sicheren Seite. Wir sind die Privilegierten – uns ist das ja nicht passiert.
Doch das Leben meint es gut mit uns – und vielleicht gerade deshalb schmeißt es auch uns eines Tages unsanft aus unserer Seifenblase. Sobald wir dann unfreiwillig vor den Toren unserer Komfortzone stehen, stellen wir es gern so dar, als wäre unsere Welt vorher heil gewesen. Doch sind wir damit ehrlich zu uns selbst? Gibt es nicht sogar einen Anteil in uns, der erleichtert ist, dass die Seifenblasenwelt gerade platzt? Vielleicht ahnen wir auch, dass wir die Seifenblase freiwillig wohl kaum verlassen hätten.
So können wir den Ruf in die Löwenzeit als Chance sehen. Als kleine oder große Hilfestellung, damit wir uns weiterbewegen. Ein Bruch, eine Krise, damit wir uns verändern. Damit wir mutiger werden und ehrlicher zu uns selbst.

*Eine Krise kommt, weil sie will,
dass wir uns verändern.
Sie will, dass wir uns auf sie einlassen.*

DANN ALSO EINE NEUE SICHTWEISE? Höhere Klassenstufen brauchen komplexere Schulbücher. Neue Pfade erfordern eine angepasste Outdoorausrüstung. Unbekannte Umstände wollen anders angepackt werden als die, mit denen wir bisher vertraut waren. Sie erfordern von uns, dass wir flexibel sind, dass wir uns auf sie einlassen.

Was wäre also, wenn tatsächlich jedes Problem zu unserem Besten ist? Eine gewagte Annahme – und wer will das schon hören, wenn er ohne Schirm mitten im Wolkenbruch steht? Aber was, wenn wirklich jeder kleine Dämpfer bis hin zu jeder gefühlten Katastrophe förderlich für uns ist, weil wir dadurch wieder auf den richtigen Weg geschubst werden?

Diese Sicht kann uns helfen, in den notwendigen Mindset für die Löwenhöhle zu kommen: die innere Bereitschaft für Neues. Halten wir voller Widerstand am Alten fest oder weigern wir uns, uns unseren Schmerz einzugestehen, dann versteinern wir, werden unbeweglich. Doch welche Zukunft steht uns dann bevor? Der Löwe schlägt vor, dass wir uns öffnen, anstatt uns innerlich zusammenzuziehen. Es reicht vorerst, dies überhaupt ins Auge zu fassen, auch ohne schon zu wissen, wie es gelingen kann. Es ist noch kein Meister vom Himmel gefallen.

Prüfe mal: Bist du in der Lage, das, was geschehen ist, laut auszusprechen, ohne die Situation verändern oder das Schmerzhafte ausblenden zu wollen? Ohne Bewertung oder Schuldzuweisung?

Sprich es aus!
Sprich (laut oder in Gedanken) aus, was passiert oder vorgefallen ist. Bleib dabei völlig wertfrei, nenne einfach nur die Tatsachen:
„Ich musste Insolvenz anmelden."
„Sie hat mich verlassen."
„Er wohnt nun 500 Kilometer weit weg."
„Meine Katze ist gestorben."
„Mein Sohn ist ausgezogen und beginnt jetzt sein eigenes Leben."
„Ich bin in völlig neuer Umgebung, muss ganz neu anfangen und kenne niemanden hier."
Wie fühlt sich das an?

Das neutrale Aussprechen der Tatsachen hilft, das Geschehene bewusst wahrzunehmen und anzuerkennen. Du stellst dich der Situation – und damit auch dem Schmerz, den sie mit sich bringt. Das laute Aussprechen ist ein guter Trick, um uns auch im Alltag immer wieder kurz mal „wachzurütteln": Wir holen Aspekte, die in unserem Unbewussten liegen, ans Tageslicht, sodass wir sie bewusst wahrnehmen können. Frage dich zum Beispiel immer mal wieder, wie es dir gerade geht, und sprich es laut aus. Vielleicht teilt dir dein Körper dann seine Bedürfnisse mit. Womöglich sitzt du schon seit Stunden im Sessel, obwohl du eigentlich Durst hast oder dich bewegen willst. Oft unterdrücken wir Gefühle oder Bedürfnisse, obwohl es nur Minuten dauert, unser Wohlbefinden wiederherzustellen und damit unsere Batterie aufzuladen. Ein lautes Aussprechen kann uns auch helfen, eine Situation oder unsere Reaktion darauf besser zu verstehen und zu verarbeiten.

> *Entscheidend ist nicht, dass das Leben dich herausfordert. Entscheidend ist, wie du damit umgehst.*

SCHMERZFACETTEN Zehn Menschen lesen ein Buch – doch jeder interpretiert es anders. Zehn Menschen hören einen Vortrag – doch jede Mitschrift ist anders. Zehn Menschen erleben die gleiche Situation – doch jeder reagiert unterschiedlich darauf. Ob etwas schmerzhaft für uns ist, hängt demnach von unserem persönlichen Empfinden ab. Die Gründe, dass etwas wehtut, liegen in unserer bisherigen Geschichte, einem Puzzle aus Erfahrungen und Gefühlen, aus Bewertungen, Rückschlüssen und Erwartungsmustern.
Beispielsweise kann man eine Kündigung auch als Befreiung auffassen und davon überzeugt sein, dass man mühelos eine neue Arbeitsstelle findet. Oder man kann die Kündigung als Niederlage ansehen und sich schwer damit tun, optimistisch zu bleiben. Jemand kann einen Abschied in Frieden betrachten und dankbar für die gemeinsame Zeit sein, während ein anderer den Abschied nicht wahrhaben will.

Warum tut es gerade mir so weh?
Nimm dein Notizbuch und schreibe die Gründe auf, warum dich das
Geschehene so getroffen hat oder so beschäftigt. Welche deiner
großen (Lebens-)Themen werden davon berührt? Aus welchen
persönlichen Gründen haderst du? Was sind die Facetten deines
Schmerzes?

Je mehr wir unseren Schmerz hinterfragen, desto mehr enttarnen wir ihn und lockern wir die Kraft, mit der er uns im Griff hat. Jedes Aha-Erlebnis bringt uns ein
Stück mehr Selbsterkenntnis: Ach, deshalb habe ich so reagiert! Deshalb hat es
mich so getroffen – und jemand anderen vielleicht nicht. Der Kontext wird klarer,
und wir können unsere eigene Reaktion besser nachvollziehen. Wir können Selbst-
mitgefühl aufbringen: Es ist verständlich, dass ich das so empfinde. Es hat seine
Berechtigung in meiner Geschichte.

*Wir kommen uns selbst einen Schritt näher und lernen uns
besser kennen — daher lohnt sich die Betrachtung unserer
Schmerzfacetten so sehr.*

UNGEWISSHEIT AUSHALTEN LERNEN

Es scheint, als ob traurige oder depressive Phasen in unserer Gesellschaft eher zu
etwas Lästigem degradiert werden, für das keine Zeit bleibt. Wir können es uns
nicht leisten, stehen zu bleiben und unseren Schmerz zu fühlen, so wird uns oft
suggeriert, weil wir weiter „auf Knopfdruck" funktionieren müssen. Blieben wir
verletzt am Wegesrand zurück, könnten wir den Anschluss verlieren, also treiben
wir uns weiter zu Höchstleistungen an. Die Arbeit muss getan, der Papierkram
erledigt und der Haushalt auf Hochglanz gebracht werden. Die Scherben müssen

zusammengefegt und die Miene aufpoliert werden, damit wieder alles in Butter ist, so, als wäre nichts passiert.

Ob das Leben das so im Sinn gehabt hat, als es dir diesen Verlust, diese Herausforderung präsentierte? Vielleicht ist ein ganz anderer Weg für dich vorgesehen, den es jetzt zu finden gilt. Vielleicht lohnt es sich gerade jetzt, innezuhalten und tief durchzuatmen, bevor du weitergehst. In welche Richtung willst du überhaupt gehen? In der Geschichte von Alice im Wunderland stellt das weiße Kaninchen jedenfalls fest: „The hurrier I go, the behinder I get."

Je schneller wir vorankommen wollen, ohne links und rechts zu schauen, desto wahrscheinlicher geraten wir ins Hintertreffen. Daher sollten wir überlegen, wo wir überhaupt ankommen wollen – und für wen. Für unseren Vorgesetzten? Für die Mitmenschen, die bestimmte Dinge von uns erwarten? Oder für uns selbst und in unserem eigenen Tempo? Sind wir überhaupt in der Lage und willens, uns unser eigenes Tempo zu erlauben?

Wir werden ungeduldig, wollen die schmerzvolle Phase am liebsten überspringen und erst wieder in der Zukunft leben. Aber gerade jetzt ist es wichtig, für Herz und Seele achtsame Entscheidungen zu treffen. Frage dich: Was will ich gerade vermeiden? Was will ich partout nicht durchleben – und warum nicht?

Das Leben will sowohl in seinen Höhen als auch den Tiefen durchlebt werden. Am Anfang kommt uns das vielleicht unerträglich vor. Sobald aber die Bereitschaft, sich dem Schmerz zu stellen, da ist, ist der erste Schritt getan. Dann können wir das, was vor uns liegt, vertrauensvoll als Reise betrachten, die uns Erkenntnisse, spannende Momente und Trost schenken wird.

Das Durchleben des Schmerzhaften oder Schweren lässt uns erst erkennen, wie schön das Schöne und Leichte ist und was Freude bedeutet. Trauer ermöglicht uns zu erkennen, welche Dinge uns im Leben wichtig sind.

„Clementine Kruczynski hat Joel Barish aus ihrer Erinnerung löschen lassen. Bitte erwähnen Sie diese Beziehung nicht mehr. Danke." So steht es auf dem Zettel, den Joel in dem Film „Vergiss mein nicht" zu lesen bekommt. Seine Ex-Freundin hat ihn sich von einer hierauf spezialisierten Firma aus dem Gedächtnis löschen lassen. Doch was passiert dann? Am Ende des Films muss sie ihn wieder kennenlernen und die Beziehung von Neuem beginnen, denn sie hatte mit den Erinnerungen auch für sie vorgesehene Erfahrungen gelöscht, die sie nun wieder sammeln muss. Mit einem einfachen Auslöschen der Vergangenheit, so das Fazit des Films, lässt sich das Leben also nicht überlisten. Ein Wegschieben des Unerwünschten, ohne es zu verarbeiten und damit für die Seele zu verwerten, wirft uns zurück, wie das weiße Kaninchen es prophezeit: Anstatt frei zu sein für Neues, müssen wir das Alte immer wieder erleben, bis wir bereit sind, uns ihm zu stellen.

Such dir Filme
Such dir Filme, die zu deiner Situation passen, und beobachte: Wie verhalten sich die Personen im Film? Kannst du die Handlungen, Gedanken und Gefühle nachvollziehen? Welche Aktion führt zu welchem Ergebnis? Was hättest du anders gemacht? Was inspiriert dich daran?
Filme können Trost spenden oder dir neue Sichtweisen eröffnen und Ideen geben und dir so durch schwierige Phasen helfen.

Vergeben heilt

Erleben wir einen Verlust oder einen Umbruch, suchen wir oft bewusst oder unbewusst nach dem „Schuldigen", hadern mit anderen und mit uns selbst. Wie konnte er mich einfach feuern? Wie konnte sie diesen Schritt tun und alles

zunichtemachen, was wir uns aufgebaut haben? Wie konnte ich auf die Äußerung nur so heftig reagieren? Das Grübeln über Schuld wird zur unendlichen Spirale, denn eine wirkliche Antwort oder Beruhigung können wir nicht finden.

Stattdessen steigern wir uns womöglich in die Annahme hinein, dass wir die ganze Situation samt allen Hintergründen und Beweggründen exakt rekonstruieren müssten, damit sie für uns verständlicher, verdaulicher wird. Doch das ist ein Trugschluss, denn die eine „offizielle" Wahrheit gibt es nicht. Wie oben schon gesagt: Wieder schauen zehn Menschen mit ganz unterschiedlichen, gemischten Gefühlen auf ein und dieselbe Situation.

Selbst wenn jemand ein Ereignis als großen Erfolg verbucht, sind bei anderen Menschen vielleicht ganz andere, sogar gegensätzliche Gefühle im Spiel. Wenn wir in einer polaren Welt in einer Situation vollständige Harmonie und Zufriedenheit aller Beteiligten erwarten, kommen wir nicht sehr weit. So sehr wir es uns auch wünschen, alle zufriedenzustellen oder stets in Harmonie zu leben – das ist gar nicht möglich.

In einer polaren Welt gibt es keine perfekte Harmonie.

Genauso ist es mit der Grübelei, wer denn nun eigentlich die Schuld trägt an der Situation, in der wir jetzt stecken. Sie rückt die Geschehnisse in ein ungutes Licht und macht unsere Sicht einseitig. Schaffen wir sie aus dem Weg, kann unser Blick auf die Vergangenheit klarer und wertungsfreier werden. Wir können wirklich überlegen: Was ist geschehen? Weshalb war es wohl so? Wie hat mein Gegenüber die Situation möglicherweise empfunden? Durch das Weglassen von „Urteil" und „Schuld" können wir zu einer neutraleren, heilsamen Betrachtung der Dinge kommen.

Vielleicht grübelst du auch ständig über dein eigenes Verhalten nach: „Ach, hätte ich doch alles anders gemacht!" Sicher, vielleicht hättest du wirklich besser vorbereitet sein können. Oder du warst nicht geduldig genug, hattest vielleicht nicht genug Energie, um ruhiger zu bleiben, dich gerade noch mehr einzufühlen. Vielleicht wusstest du nicht, was du tun oder sagen sollst, um noch etwas zu retten. Doch willst du dir deshalb ewig einen Vorwurf machen? Du bist auch nur ein Mensch, und es macht keinen Sinn, dir selbst Perfektion abzuverlangen.

Lass es Frieden regnen
Schreibe in dein Notizbuch drei Dinge, die du dir selbst vergeben willst. Und dann notiere drei Dinge, die du (dem) anderen oder dem Leben vergeben willst.
Spüre, wie sich Frieden auf dein Gefühl legt – als würden weiche Friedensflocken darauf fallen. Lass es gedanklich Frieden regnen.

Zu vergeben heißt, dass du Frieden mit deiner Situation machst. Das meint nicht, dass du etwas gutheißen musst oder dass du dich bestimmten Menschen oder Umständen immer wieder auslieferst. Du kannst Grenzen setzen, dich auf liebevolle Weise schützen. Aber solange du Groll in dir trägst, wird der Löwe sich nicht beruhigen. Du vergibst, um dich selbst zu erlösen, tust es also für dich.

Durch Vergeben investieren wir in unsere Zukunft, weil wir uns den Weg freiräumen von innerem Ballast, der uns sonst gefangen hält.

Dankbarkeit

Den Blick auf das Positive richten – sicher ist das nicht gleich die erste Idee, die uns mitten im Löwensturm kommt. Es scheint ziemlich viel verlangt, vielleicht zu viel. Dennoch kann es den Schmerz erheblich lindern, wenn es uns gelingt, den Ereignissen oder Umständen etwas Gutes abzugewinnen.

Perspektivwechsel
Betrachte die Situation einmal aus einem anderen Blickwinkel: Stell dir vor, dass alle guten Aspekte, alles Sinnvolle daran sichtbar wird. Notiere deine Antwortimpulse in dein Notizbuch:
Was sind die positiven Aspekte dieser Herausforderung, so weh sie auch tut?
Wo erlöst sie, welche Fragen beantwortet sie?
Welche neuen Wege kann sie mir eröffnen?
Welche Aufgabe für mich könnte damit zusammenhängen oder dahinterstecken?
Was soll ich bewältigen? In welche Richtung soll ich gelenkt werden?

Wenn es dir nicht so leichtfällt, etwas Positives an den Ereignissen zu sehen, kannst du einen kleinen Trick versuchen: Versetze dich in ein fiktives Gegenüber. Stell dir vor, du wärst dein bester Freund oder deine beste Freundin, ein Mensch, der dir Beistand leistet. Was würdest du dir selbst über die Situation sagen, was könntest du Gutes daran finden?

DU WARST VOM SELBEN STERN Manchmal serviert uns das Leben ein abruptes Ende einer Begegnung oder Beziehung, und uns wird wieder bewusst: Menschen gehören uns nicht. Wir können sie nicht festhalten. Weniger die Dauer und vielmehr die Qualität unserer Verbindung spielt eine Rolle: Ein paar Wochen oder manchmal auch schon ein paar Momente können ausreichen, um eine gemeinsame Tiefe zu erleben, die unser Herz wärmt und berührt. Wir sind einem Menschen „unserer Art" begegnet, einer verwandten Seele, selbst wenn unsere Wege sich wieder trennten. Der Löwe flüstert dir zu: Lass Dankbarkeit und nicht Bedauern das vorherrschende Gefühl sein, sodass es dein Herz nährt und nicht vergiftet.

FINDE DAS GESCHENK! Durch bestimmte Ereignisse oder Begegnungen erhalten wir besondere Geschenke. Vielleicht entdeckst du, dass dein Leben danach eine bestimmte Wendung genommen hat. Oder dass dir eine wichtige Botschaft zukam. Vielleicht wird dein Denken in eine neue Richtung gelenkt, oder es wird dir ein besonderes Verständnis ermöglicht. Überlege: Wo liegt das Geschenk?

Innerer Dialog
Schließ die Augen und stell dir vor, du hast den anderen Menschen (oder auch die Situation selbst, die Herausforderung) vor dir. Stelle laut oder in Gedanken die Frage: „Was ist dein Geschenk an mich?"
Es ist überraschend, wie schnell und intuitiv wir oft Antworten erhalten. Welche erhältst du?

DIE KLEINEN DINGE Wenn wir unseren Fokus darauf richten, wo überall in unserem Leben Geschenke liegen könnten, finden wir auch immer mehr. Fragen wir doch mal: Was habe ich Schönes in meinem Leben? Welche meiner Wünsche haben sich erfüllt? Und bei welchen bin ich froh, dass sie sich nicht erfüllt haben? Worauf kann ich stolz sein? Welche meiner Lebensbereiche spenden mir Kraft? Der Ansatz funktioniert auch im kleineren Rahmen, zum Beispiel, um spontan die Stimmung zu heben: Wovon bin ich in diesem Moment umgeben? Ein richtig guter Kaffee auf der Gartenbank, während der Tag gerade erst beginnt. Eine unerwartete Steuerrückzahlung oder ein Termin ohne Wartezeit. Eine liebe Postkarte im Briefkasten und der Duft von frisch gebackenem Apfelkuchen, der gerade aus dem Ofen kommt – das Leben kann so schön sein, wenn wir all diese Annehmlichkeiten als kleine Geschenke wahrnehmen, uns bewusst daran freuen. Sie atmen, riechen, schmecken so wie Kinder, die mit Hingabe in ein buntes Bällebad springen und darin toben, lachen und spielen.

Behutsam loslassen

Bei deiner Reise nach innen geht es um niemand anderen als um dich – du stehst im Mittelpunkt. Du ebnest dir den Weg, um mit den Ereignissen klarzukommen und tiefe Kräfte zu mobilisieren. Mit jedem Schritt wird es ein bisschen leichter. Zuerst sind dir deine Fortschritte vielleicht nicht bewusst, doch sie summieren sich, und im Rückblick wird klar: Du stehst längst nicht mehr an derselben Stelle wie zu Beginn.

Das Leben hat dir einen großen Brocken vor die Füße gelegt, doch du hast dich schon wieder ein bisschen aufgerappelt. Der Löwe sagt: Bleib auf diesem Weg, und es werden sich dir weitere Türen öffnen. Ein neues Leben wartet auf dich! Hör nicht auf, an eine Zukunft zu glauben, für die es sich zu leben lohnt!

Durch die bisherigen Übungen konntest du zwei, drei Blicke auf den Löwen erhaschen (der zottelig zwar, doch so böse gar nicht aussieht, oder?). Nun fass dir ein Herz und sieh ihn dir mal ganz in Ruhe an. Nimm wahr, wie er sich ebenfalls beruhigt. Es ist gar nicht sein Ziel, dich anzugreifen – im Grunde will er bloß selbst Ruhe finden. Da steht er dir nun gegenüber und guckt dich an, als würde er sagen: „Endlich beachtest du mich, die ganze Zeit wollte ich nur eines: deine Aufmerksamkeit!"

Sieh es mal so: Die Situation soll so sein, wie sie ist – sonst wäre sie anders. Probier es: Lass los.

Vielleicht nimmst du irgendwann deutlich den Punkt wahr, an dem du bereit bist und denkst: Dann lass ich eben los, was ich erst nicht hergeben wollte. Damit ist nicht gemeint, dass du die Erinnerung aufgibst oder die Dankbarkeit für das, was früher schön war. Doch du ahnst langsam, dass dein Glück und dein Überleben nicht ausschließlich von den äußeren Umständen, dem einen Job oder dem einen Menschen abhängen. Oder dass genau dieser Mensch sehr stolz auf dich wäre, wenn du für euch beide weitermachst. Du hörst auf, dich selbst für alles, was du hättest anders machen wollen, zu verurteilen, und du gibst den anderen oder die schmerzenden Umstände liebevoll frei. Du lässt behutsam los.

Liebevolles Loslassen wird vom Leben offenbar gern gesehen, denn es wird häufig belohnt. Hast du es schon einmal erlebt? Durch Loslassen lichtet sich der Nebel, Verstrickungen lösen sich – und plötzlich hast du wieder Lust auf Neues. Ein frischer Luftzug durchströmt dein Herz und du fühlst dich freier. Nach langer Zeit fällt dir die schöne Aussicht wieder auf, weil du den gesenkten Kopf hebst und nach vorne schaust. „You loose your grip, and then you slip into the Masterpiece", singt Leonard Cohen: „Du verlierst deinen Halt – und in diesem Augenblick wirst du Teil des großen Plans." Wie könnte man es schöner sagen?

Gib frei, was du festhältst

Setz dich bequem hin, schließ die Augen und atme tief durch. Nun stell dir vor, wie du das, was du kürzlich verloren hast, noch immer mit beiden Händen festhältst. Das kann ein Mensch sein oder dein Job, bestimmte Umstände, ein geliebtes Haustier oder die Wohnung, die dir gekündigt wurde. Der Verlust an sich bedeutet ja noch nicht, dass du auch innerlich losgelassen hast.

Geh hinein in das Gefühl des Festhaltens. Und nun atme tief – und öffne deine Hände. Du hast losgelassen. Lass das Gefühl noch ein wenig in dir nachschwingen. Wenn nötig, kannst du diese Übung jetzt oder zu einem späteren Zeitpunkt wiederholen.

IN DER LEERE LIEGT EIN ZAUBER Wenn wir etwas Großes loslassen, geraten wir in einen Zustand, der sich erst mal merkwürdig anfühlt. Wir haben die Hände frei, doch wir stehen vor einer Art Lücke: Es ist noch nichts Neues da. Nichts, das vielleicht als Hinderungsgrund durchgehen würde. Nichts, das uns zurückhalten möchte von dem, was wir wirklich tun wollen. Nichts, das uns aus Gewohnheit vermeintlichen Halt gibt. Stattdessen ein leerer Raum.

Oft halten wir gerade deshalb so leidenschaftlich fest, weil wir die Leere, die uns erwartet, noch mehr fürchten. Orientierungslosigkeit widerstrebt uns von Natur aus. Unser Leben lang hatten wir Pläne, kannten die Richtung und sammelten erreichte Ziele wie kleine und große Trophäen. Und nun lassen wir los und es ist – vielleicht zum ersten Mal – gar keine Richtung mehr erkennbar.

Der Löwe hat großen Respekt vor dir: Dies ist sicherlich einer der schwersten Momente auf der Löwenreise. Doch zugleich liegt hier eine große Chance. Statt wie gewohnt zu planen und alle Abläufe zu kontrollieren, wage jetzt den Schritt hinein in das Vakuum, denn es wird nur für kurze Zeit ungefüllt sein. Es ist wie die erste frühe Morgenstunde, bevor die Maschinerie des Alltags sich ganz von selbst wieder in Gang setzt. In dieser Stunde liegt ein Zauber. Lauf nicht gleich weiter und pack den frei gewordenen Raum wieder voll, sondern bleib stehen. Nimm diesen Zustand bewusst wahr.

WAS FINDEST DU? Stehen zu bleiben, kann lohnend sein. Die Dinge genau so sein zu lassen, wie sie gerade sind, anstatt wegzurennen und Gefühle vermeiden zu wollen. So können wir ein Juwel finden, weil sich durch Innehalten neue Türen auftun. Wären wir weitergelaufen, hätten wir den Schatz übersehen. Wir hätten unsere Zukunft ohne das hilfreiche Juwel meistern müssen.

Entdecke die Türen,
die sich nicht durch Geschäftigkeit, sondern
durch Innehalten auftun!

Möglicherweise nehmen wir vorschnell an, dass wir in der Leere nichts (mehr) finden können. Doch das ist ein Trugschluss, denn wirklich „nichts" gibt es nicht. Nennen wir die Leere doch besser „das Unbekannte", das weiße, noch unbeschriebene Blatt.
Und mal ehrlich: Wie oft haben wir uns bisher auf wirklich unbekanntes Terrain begeben? In unserer Komfortzone wähnen wir uns auf der sicheren Seite. Wir würden gar nicht darauf kommen, diese Sicherheiten aufzugeben. Erst recht nicht für einen Schritt in eine ungewisse Leere – oder? Was aber, wenn diese Leere die größte Chance, das größte Abenteuer unseres Lebens ist?
Der Löwe lädt dich an dieser Stelle zu einer Beobachtungsübung ein. Ziel ist es, zu erkennen, was sich in deinem Leben gerade zeigen möchte, ohne dabei etwas verändern zu wollen.

3D-Bilder, auf denen wir im ersten Moment nichts erkennen, außer einer
gleichförmig gemusterten Fläche (zum Beispiel Magic Eye), halten Überraschungen bereit, wenn wir etwas Geduld haben. Wir müssen tiefer in sie einsteigen, mit
den Augen auf dem Bild verweilen, ohne jedoch etwas erreichen zu wollen. Lassen
wir uns darauf ein, können wir wie durch Zauberhand ein Bild im Bild entdecken.
Es entsteht etwas, wo zuvor (scheinbar) nichts war, nur, weil wir uns ein bisschen
Zeit genommen haben.

Wenn wir uns trauen, das Feld der Ungewissheit zu betreten, empfängt uns ein mystischer Zauber: Das scheinbare Nichts entpuppt sich als Nebel, unter dem wir das Neue schon erahnen können.

Übergang

Stell dir vor, du sitzt auf einer Seite der Wippe. Die andere Seite schwebt hoch in der Luft. Dann steigst du auf den Balken und balancierst in Richtung Mitte. Zunächst tut sich nichts, doch dann kommt der entscheidende Schritt, mit dem die Wippe umschlägt – das Gewicht hat sich verlagert, die Situation ordnet sich neu.

DER KRITISCHE PUNKT IST ERREICHT In der Löwenhöhle gelandet, sind wir zunächst gefangen im Schmerz. Wir müssen erst lernen, mit diesem starken Gefühl umzugehen, ihm zu begegnen und aus der ersten Erstarrung wieder in die Bewegung zu kommen. Trauern ist nichts, was automatisch einsetzt – wir können es auch mit allen Mitteln unterdrücken. Doch der Löwe will uns helfen, uns auf ein gesundes Trauern einzulassen, ganz in unserem eigenen Tempo.

Schrittweise können wir aus der Identifikation mit dem Schmerz heraustreten. Wir nehmen eine Beobachterposition zu unseren Gefühlen ein, um sie zu bewegen und mit ihnen arbeiten zu können. Warum tut es so weh? Was könnte Gutes daran sein? Was will der Schmerz überhaupt von mir? Diese Fragen hat dir der Löwe gestellt.

Wenn wir auf den Geschmack kommen, uns Zeit für die Innenschau zu nehmen, können wir viel Neues entdecken. Wir können uns fragen, wie es eigentlich in uns aussieht. Wir können beginnen, uns selbst kennenzulernen und unser Innenleben zu sortieren. Wir können dabei sogar Juwelen finden: Da ist ja etwas in mir, eine ganz eigene Welt, die nur mir gehört. Dort gibt es etwas zu entdecken. Hier sind Kräfte, die mich unterstützen.

Wenn wir auf dem „Löwenweg" sind und zusammen mit dem Löwen die notwendigen Schritte gehen, dann kippt die Wippe irgendwann und der Schmerz hat seine Übermacht verloren. Manchmal können wir diesen Moment genau spüren, als würde ein innerer Schalter umgelegt, und frische Energie strömt in unser Leben. Oder wir merken, dass es immer mehr Stunden oder Tage gibt, in denen der Schmerz uns nicht mehr beherrscht, auch wenn er vielleicht noch spürbar ist.

Löwenfreundschaft

Wenn du magst, stell dir vor, wie der Löwe nun versöhnlich auf dich zukommt und sich freundschaftlich neben dich legt. Wie fühlt sich das an? Kannst du spüren, wie seine Ruhe oder seine Kraft auf dich überströmt? Wie er dir Geborgenheit schenkt, dich beschützt?

Lade den Löwen ein, dich von nun an zu begleiten. Wann immer du dich kraftvoller oder sicherer fühlen möchtest, kannst du dir vorstellen, wie der Löwe sich neben dich legt und dir zuflüstert: „Dir kann nichts passieren!"

Überblick: Die sieben Stationen in der Löwenhöhle

Sieben ist eine magische Zahl, die häufig mit Schicksalsfügungen in Verbindung steht. Numerologisch gesehen steht sie dafür, dass (noch) keine wirkliche Harmonie herrscht. Sie zeigt an, dass noch etwas im Argen liegt, das bewältigt werden will, damit die Seele sich weiterentwickeln kann. Ihre Qualität ist der Ausgleich: Das Streben nach Wahrheit, damit heilen kann, was heilen will. „Über sieben Brücken musst du geh'n", sang Peter Maffay. Der Löwe fügt hinzu: Bleib auf jeder Brücke auch mal steh'n, um bewusst zu fühlen, wie es in dir aussieht und welche Veränderung du gerade durchläufst. Jede der Ebenen ermöglicht eine neue Sichtweise auf unsere dunkle Nacht der Seele, sodass aus anfänglicher Unfassbarkeit neue Zuversicht entstehen kann. Wir können unseren Schmerz in Kraft verwandeln, und aus bedrohlichem Terrain wird ein Erkundungsgebiet voller neuer Möglichkeiten.

SIEBEN LÖWENSCHRITTE DURCH DEN SCHMERZ

1. ES TUT WEH!
Die dunkle Nacht der Seele trifft dich als schmerzhafte Erfahrung. Du bist erschüttert, doch lass alle Gefühle zunächst einfach nur da sein.

2. SACKEN LASSEN
Mitten in deinem Gefühlschaos konzentrierst du dich zunächst darauf, deinem Körper alles Notwendige zu geben, damit du dich wohlfühlst. Trinke viel und atme

bewusst. Sorge für ausreichend Schlaf, gesundes Essen und Bewegung. Tu immer nur einen Schritt nach dem anderen. Überfordere dich nicht.

3. STELL DICH DEM SCHMERZ

Wenn du bereit bist, wagst du dich an ein paar erste Übungen, die dir helfen, dem Ausmaß der Situation ins Auge zu sehen und deine Gefühle ein wenig zu sortieren. So schaffst du es, aus der Erstarrung langsam wieder in die mentale Beweglichkeit zu kommen.

4. VERGEBEN HEILT

Du erkennst, dass Ereignisse nie zusammenhanglos sind. Sie haben bestimmte Ursachen, die mit den Bedürfnissen der beteiligten Menschen zu tun haben. Im Groll zu verharren, lässt dich erstarren – das reimt sich, und es stimmt! Du wagst dich daran zu vergeben, in erster Linie dir selbst.

5. DANKBARKEIT

Du setzt dem Schmerz eine andere Sicht entgegen: das Erlebte zu würdigen. Mehr und mehr kann es gelingen, in den Zustand der Zuversicht (fortgeschritten: der Dankbarkeit) zu kommen, weil du den Blick auf das Geschenk richtest, das in den Ereignissen, dem Verlust oder der Herausforderung steckt.

6. BEHUTSAM LOSLASSEN

Du ziehst deine Erwartungen aus der Situation und lässt die Dinge sein, wie sie sind. Was will sich zeigen, wenn du weder wertest noch einschreitest? So kannst du zu einem neuen Verständnis der Umstände kommen.

7. ÜBERGANG

Wenn du die vorherigen Phasen bewusst durchlaufen hast, konntest du einigen Ballast abwerfen. Du hast den Löwen, anfangs dein vermeintlicher Gegner, als Freund und Begleiter gewonnen. Er ermuntert dich, deine Kraft wieder zuzulassen und fragt: Bist du bereit für den nächsten Schritt?

Die Löwenhöhle setzt Heilung in Gang:
Wir verarbeiten unsere Geschichte —
anstatt sie zu verdrängen und so einen Teil von uns
zurückzulassen.

TEIL 2

Löwenruhe

Wusstest du, dass ein Löwe am Tag bis zu zwanzig Stunden schläft? Jetzt ist die beste Zeit, es ihm gleichzutun. In der Löwenhöhle hast du viel geleistet. Körper und Geist fordern jetzt ihr Recht und möchten sich ausruhen. Nimm Rücksicht auf deine Erschöpfung, selbst wenn die äußeren Umstände dich schon wieder vereinnahmen wollen. Du musst nicht Tage oder Wochen durchschlafen. Gönn dir aber eine Zeit, in der du noch etwas zur Ruhe kommen kannst.

Folge dem Ruf

Herzlichen Glückwunsch! Nun schaffst du es wahrscheinlich schon, das Erlebte mit mehr Gelassenheit zu betrachten. Die Löwenhöhle hat ihre Bedrohlichkeit verloren und bietet dir Unterschlupf. Hier kannst du ein wenig Rast machen und dich ausruhen, der Löwe liegt friedlich neben dir. Vielleicht hast du sowieso gerade noch wenig Antrieb oder Lust auf Trubel, weil deine Seele sich nach Ruhe sehnt. Es ist ähnlich wie mit dem Körper, der nach überstandener Krankheit noch eine Kur braucht.

MAGISCHE ZEIT DES INNEHALTENS Nach all der Aufregung müssen wir unseren Weg in einen geregelten Alltag und ein normales Leben erst wieder finden. Das geht nicht von heute auf morgen. Daher lädt der Löwe uns ein, eine Art Übergangzeit einzuschieben. Denn ähnlich wie bei einem Umzug und dem damit verbundenen Neustart müssen wir am neuen Ort erst innerlich ankommen, uns wieder einleben. Rainer Maria Rilke sprach sich in seinen „Briefe(n) an einen jungen Dichter" dafür aus, Trauer- oder Traurigkeitsphasen im Rückzug zu verbringen, da sie uns formen: In einer Zeit, in der „uns alles Vertraute und Gewohnte für einen Augenblick fortgenommen ist (...), ist es so wichtig, einsam und aufmerksam zu sein". Denn in diesem Moment, so Rilke, betritt schon die Zukunft unser Leben und nimmt behutsam mit uns Kontakt auf.

Dies ist also eine besondere Phase. Nennen wir sie die Löwenruhe, eine magische Zeit des Innehaltens. Wir entschleunigen unser Tun bis hin zum Nichtstun und lassen Körper und Geist wieder auftanken. Wir lassen zu, dass viele Dinge sich ganz von selbst regeln und neu ordnen können. Wir lassen zu, dass wir uns selbst einmal wirklich wahrnehmen: Wie fühle ich mich? Wie geht es mir? Was will ich eigentlich? Durch eine Auszeit, die unter diesen Zeichen steht, kann sich unser ganzes Leben neu ausrichten.

„Nichtstun widerfährt einem nicht nebenbei. Es bedeutet nicht, nichts zu tun zu haben“, sagt Björn Kern in seinem Buch: „Das Beste, was wir tun können, ist nichts“. Er ist der Überzeugung: „Gelingendes Nichtstun fordert Konzentration ein und bedarf eines magischen Quäntchens Glück.“ Schön und gut, denkst du. Aber ausruhen – jetzt, wo das Leben doch gerade schon wieder von allen Seiten an mir zerrt? Schließlich hast du Verpflichtungen, denen du nachkommen musst. Und vielleicht soll gerade jetzt auch vieles geregelt werden. Entscheidungen müssen dringend getroffen werden. Und in all dem Chaos ausruhen? Genau, denn:

JETZT GEHT ES MAL UM DICH Wann hast du in deinem Leben mal ganz bewusst Rücksicht auf dich selbst genommen?
Sicher, wir achten auf uns selbst, indem wir unseren Hunger stillen, uns schlafen legen oder uns einen Kinobesuch gönnen. Vielleicht kaufen oder planen wir sogar mehr, als wir überhaupt verarbeiten können. Wir glauben, dass wir gut auf uns achten, uns verwöhnen. Doch warum stellt sich das große Glücksgefühl trotzdem nicht ein?
Der Löwe ist ein weises Tier. Vielleicht willst du durch die vielen Dinge, die du dir anschaffst, vor dir selbst verbergen, dass du eigentlich nicht wirklich nach innen schaust, fragt er dich. Was nützen zwölf neue Pullover, wenn du dir den tiefen Wunsch nach einer Auszeit versagst?

*Eine Auszeit? Meist haben
wir gar nicht gelernt,
dass wir so etwas dürfen.*

Wenn du merkst, dass dir dein Alltag mit all seinen Ablenkungen und Verpflichtungen gerade mehr Stress als Spaß bereitet, dann ist das der Ruf, der deutliche Hinweis, dass deine Seele eine Rückzugszeit braucht. Und was nun? Ein Sabbatical nehmen, den Jakobsweg gehen oder eine Meditationsreise machen? Am besten gleich Job und Wohnung kündigen und ab sofort ein freies Leben führen? Dies können tolle Möglichkeiten sein, doch nicht immer sind so große

Änderungen umsetzbar. Schaff dir für deine „Seelenkur" deinen eigenen, für dich passenden Rahmen. Du kannst auch einfach da bleiben, wo du bist.

WAS BEDEUTET LÖWENRUHE? Löwenruhe meint also nicht zwangsläufig, dass du dir für sechs Wochen eine einsame Strandhütte mieten musst, obwohl im Job ein neues Projekt ansteht. Doch es bedeutet, dir einen Zeitraum von ein paar Wochen oder Monaten zu schaffen, in dem du dich bewusster zu dir selbst hinwendest, in dem Rahmen, in dem es für dich möglich ist. Du kannst üben, mehr auf deine inneren Bedürfnisse zu achten. Löwenruhe bedeutet, dir mehr Raum zu geben.

Häufig stellt uns das Leben sogar im passenden Moment die Weichen für eine Rückzugszeit und sorgt dafür, dass die Bedingungen günstig sind. Vielleicht ergibt sich öfter die Möglichkeit, ins Homeoffice zu gehen, und du sparst dir lange Anfahrtswege zum Büro. Vielleicht ist absehbar, dass einige Projekte beruflich oder privat zum Ende kommen und du danach etwas mehr Zeit haben wirst. Wäge auch ab, wo es wichtig ist, präsent zu sein und wo nicht: Vielleicht spielst du schon länger mit dem Gedanken, dich von diesem Verein oder jenem Hobby zu verabschieden, weil es nicht mehr richtig passt. Dann tu es jetzt. Gemeint ist damit aber nicht, deine Verantwortlichkeiten einfach fallen zu lassen. Doch übe, wieder sorgsam zu entscheiden, wofür du deine Zeit hergeben willst, und plane bewusst Zeiträume nur für dich selbst ein.

Folge dem Ruf in die Löwenruhe,
und das Leben wird dafür sorgen, dass die
Bedingungen günstig sind!

Vieles im Leben läuft nach starren Regeln ab. Übe, Dinge zu hinterfragen, die dich viel Energie kosten: Geht es auch einfacher? Muss es so aufwendig sein? Muss ich ständig durch die Gegend hetzen? Gönne dir mehr freie Abende und Wochenenden, anstatt sie bis auf die letzte Minute zu verplanen. Vielleicht schaffst du es auch, den Wecker morgens eine halbe Stunde früher zu stellen, um zu meditieren oder Zeit für eine achtsame Tagesplanung zu haben.

Gewöhne dir ab, etwas nur zu tun, weil andere es wollen oder damit du hinterher davon berichten kannst. Sei achtsamer, wenn du unter Menschen bist, weil du weißt, dass du dich in einer besonderen Phase befindest. Nimm dich in Auseinandersetzungen über Nichtigkeiten zurück, weil du deine Energie jetzt für dich brauchst.

Dies sind ein paar Vorschläge, wie du schon mit kleinen Maßnahmen ein Gefühl von „Auszeit" in deinen Alltag integrierst: Gib dir selbst das Gefühl, dass du dich gerade in einer besonderen Phase befindest, die du dir gönnst, um neue Kraft zu schöpfen. Genieß den Luxus, dich eine Zeit lang freier zu fühlen als sonst! Versuche, alte Gewohnheiten loszulassen, die dir nicht mehr entsprechen – und sei kreativ darin, Momente zu sammeln, die du ganz für dich reservieren kannst.

Gestalte deine Rückzugszeit

Notiere drei Ideen, wie du in der kommenden Zeit mehr Ruhe und Raum nur für dich selbst schaffen kannst.

Der Eremit im Tarot legt uns die Rückzugszeit ans Herz, bevor das Rad des Schicksals sich wieder dreht – erinnerst du dich? Es ist eine Phase zum Kräftebündeln. Du investierst damit also in dich.

Es kann sein, dass du im Außen erst einmal Unverständnis erntest, weil du dich etwas mehr zurückziehst und vielleicht nicht mehr im gewohnten Maß zur Verfügung stehst. Zeit, die wir für uns selbst reservieren, müssen wir schützen, und es kann ratsam sein, gar nicht so viel darüber zu sprechen. Oder du machst deutlich, dass du eine Verabredung hast – mit dir selbst.

DER TRUGSCHLUSS Nicht nur Termine, auch Dinge kosten uns wertvolle Zeit. Jede Sache, die wir uns anschaffen, kostet uns Zuwendung, Pflege, Instandhaltungszeit – doch wer denkt schon daran, wenn er sich gerade begeistert den teuren Kaffeevollautomaten oder das allerneuste Handy zulegt? Ein Update hier, eine Entkalkung samt Komplettreinigung da und die gelbe Bluse ist nur handwäschetauglich. Außerdem muss man sie jedes Mal aufwendig bügeln. Tut es nicht vielleicht doch ein Sweatshirt? Immer mehr Menschen, die ihr Leben vereinfachen möchten, setzen auf „Minimal Living", verkleinern ihren Besitz bis aufs Nötigste, ziehen in Mini-Häuser. Auch hier findet sich ein Weg, um Zeit zu schaffen: indem wir Dinge aussortieren, die uns vom Wesentlichen, also vom Erspüren unseres eigenen Wesens abhalten.

Nehmen wir an, du hast dir einen Tag für die Gartenpflege reserviert. Erst mal Rasen mähen, dann die Sträucher schneiden, das Unkraut jäten und die Blumen gießen. Und die Terrasse muss noch gefegt werden. Doch wann und wie lange sitzt du denn auch mal gemütlich unter dem Sonnenschirm und entspannst dich?

Viel planen, viel kaufen:
Wir glauben, dass wir uns damit verwöhnen.
Das kann ein Trugschluss sein, meint der Löwe.

Die Löwenruhe ist eine Phase des Beobachtens. Langsam machen, wo immer es geht. Und sollte hier und da doch mal ein Wochenende am Meer, ein Ausflug oder Urlaub möglich sein, umso besser. Du willst den Kegelabend viel lieber absagen? Dann tu es. Du hast keine Lust, aufwendige Geschenke zu kaufen, obwohl die Nichte Geburtstag hat? Dann schenk ihr eine Guthabenkarte oder einen Gutschein. Du magst nicht immer stundenlang beim Frisör sitzen? Dann leg dir eine Frisur zu, die dich nicht mehr zu regelmäßigen Terminen zwingt. Zu viele Dinge tun wir immer noch, die eigentlich gar nicht nötig wären. Wir glauben, dass wir uns damit verwöhnen, dabei entwöhnen wir uns bloß immer wieder davon, einmal ganz bei uns selbst zu sein.

Was dich nicht glücklich macht, kann weg
Notiere drei Dinge aus deinem Besitz, in die du unverhältnismäßig viel Zeit investierst oder die dir zur Last fallen und von denen du dich trennen könntest: das alte Sportgerät, das du eigentlich nicht gerne benutzt, das aber ständig eine Wartung braucht? Überflüssige Küchengeräte, die die meiste Zeit herumstehen? Kleidung, die so viel extra Pflege benötigt, dass sie dir buchstäblich Zeit und Geld stiehlt? Umgekehrt: Notiere drei Dinge, die du dir demnächst anschaffen möchtest. Welche Folgeverpflichtungen (Reinigung, Wartungsaufwand, weitere Zusatzkäufe) entstehen dadurch? Wäge ab, ob es dir das wert ist.

IN RÜCKZUGSZEITEN KÖNNTE ICH WAS VERPASSEN Du fragst dich vielleicht, ob dir etwas entgeht, wenn du dich zurückziehst, dir eine Auszeit gönnst, mehr Zeit für Innenschau aufwendest. Doch du kannst nichts verpassen, wenn du einen Weg einschlägst, der dich zu dir selbst führt. Manchmal spricht man auch vom „Seelenweg": der richtige Weg für dich, eben weil du dich von deinen wahren Bedürfnissen leiten lässt, dich auf dich selbst einlässt.

Auf Fragen wie: „Was machst du denn jetzt so?", oder „Hast du dich schon neu orientiert, Neues in die Wege geleitet?" hast du vielleicht gerade wenig zu berichten. Möglicherweise entsteht das Gefühl, deshalb im Außen „nicht mithalten" zu können. Doch vertrau dem Prozess! In dir geschieht gerade ganz viel. Wenn ein Pflanzensame austreibt, sieht man nichts davon an der Oberfläche, doch das ändert sich, wenn die Zeit gekommen ist.

Die Befürchtung, womöglich nicht überall (ganz vorne) dabei zu sein, bewirkt, dass wir uns innerlich ständig angetrieben fühlen. Wir sind ungeduldig, wollen mit dem äußeren Leben mithalten, mit anderen mithalten. Aus innerer Unruhe heraus kau-

fen wir die Aktie schon, wenn der Moment noch nicht da ist, kaufen zwölf Pullover, weil wir glauben, sie alle zu brauchen. Spüren wir aber genauer hin und folgen den Impulsen, die wirklich von innen kommen – unserer Intuition –, dann können wir uns entspannen. Aus innerer Unruhe wird Ruhe. Wir merken, dass wir unseren Weg finden, wenn wir es nur bewusst wahrnehmen. Also vertrau darauf, dass alles, was für dich vorgesehen ist, auch zu dir kommt – ganz von allein.

Der Löwe kann dir zu innerer Ruhe verhelfen. Er will dich auf deinen Herzensweg führen, erinnerst du dich? Wann immer du unsicher bist, kannst du mit ihm in ein inneres Gespräch gehen und ihn fragen: Verpasse ich gerade etwas? Sollte ich diese Gelegenheit (doch) wahrnehmen oder kann ich mich getrost in meine Löwenruhe fallen lassen?

Ist das für mich vorgesehen?
Überlege, in welchem Bereich du gerade zwischen mehreren Möglichkeiten schwankst.
Schließe nun die Augen und richte deine Aufmerksamkeit nach innen.
Rufe den Löwen in deinen Raum der Innenschau. Frage ihn: Welche der Möglichkeiten entspricht meinem Herzensweg? Was ist für mich vorgesehen?
Entspanne dich und warte ab. Oft kommt die Antwort unmittelbar. Ist dies nicht der Fall, beobachte, welche Zeichen, Hinweise oder Gefühle dir im Lauf des Tages begegnen – denn auch so kann sich die Antwort zeigen.

VIERZIG TAGE IN DER WÜSTE In vielen Kulturen ist Rückzug ein heiliger Prozess. Alle Weisen der großen Religionen benötigten Alleinezeiten: Jesus ging vierzig Tage in die Wüste, Buddha fand in der Abgeschiedenheit seine

Erleuchtung. „Bestimmte Quellen können wir nur erschließen, wenn wir allein sind", schreibt Anne Morrow Lindbergh in „Muscheln in meiner Hand". Künstler, Philosophen und Forscher haben es uns zu allen Zeiten vorgemacht: Mozart, Picasso oder Albert Einstein waren bekennende Fans von Rückzugszeiten. „Was ich geleistet habe, ist nur ein Erfolg des Alleinseins", sagte auch Franz Kafka.

DIE LÖWENRUHE KANN BEGINNEN Wenn du dein Leben – innerhalb deiner Möglichkeiten – eine Zeit lang so einrichtest, dass Räume für Rückzug, Beobachtung und Achtsamkeit bleiben, dann hast du den Rahmen für eine heilsame Löwenruhe gesteckt. Ob es sich dabei um Wochen oder Monate (oder sogar länger) handelt, entscheidest du selbst. Es gibt keine feste Vorgabe, denn du allein bist der Maßstab. Vielleicht eignest du dir in deiner Löwenruhe neue Gewohnheiten und Sichtweisen an, die dir auch in Zukunft hilfreiche Begleiter bleiben. Selbst wenn das „nur" bedeutet, dass du am Tag eine halbe Stunde Fernsehen oder Facebook eintauschst gegen einen Waldspaziergang oder eine Meditation, hast du dir einen Rahmen für die Löwenruhe geschaffen.

Innehalten und innen Halt finden

Und was machst du jetzt mit deinen Räumen für die Löwenruhe? Der Löwe empfiehlt: Versuche einmal das Gegenteil von dem, was du normalerweise tun würdest – verplane sie nicht. Fülle deine zeitlichen Freiräume intuitiv, mit Beschäftigungen, bei denen du deine Gedanken und Gefühle treiben lassen kannst. Nichtstun im Sinne des Löwen meint eine fließende Ziellosigkeit, in der du dir erlaubst, einfach nur da zu sein, ohne einen produktiven Output vor Augen zu haben.
Du könntest zum Beispiel einfach mal im Sessel sitzen und deinen Blick aus dem Fenster schweifen lassen. Was in Zeiten ohne Internet normal war, ist heute zur

Kostbarkeit geworden. Hast du ein Fenster mit einem richtig tollen Ausblick? Dann richte dir dort eine schöne Sitzmöglichkeit ein. Du kannst atmen – und wahrnehmen, wie es dir gerade geht. Vielleicht willst du auch erst mal nur ausschlafen, um dich zu regenerieren. Du könntest auch malen, Klavier spielen oder Yoga üben, wenn es dir guttut und dich entspannt. Oder gehst du gern spazieren? Finde auf deine eigene Weise in die Löwenruhe und eigne dir eine „Ruhe-Routine" an.

Wobei kann ich mich treiben lassen?
Notiere drei Impulse, wie du dich am besten entspannen und treiben lassen kannst. Wobei vergisst du die Zeit und kommst in einen Flow?

Sobald du dich an deine Ruhe-Routine gewöhnt hast und weißt, wie es dir leichter fällt, vom Alltagsstress abzuschalten, kannst du einen Schritt weiter gehen und deinen Blick auf drei Dinge richten:

- deinen Rhythmus,
- deine Bedürfnisse,
- deine Essenz.

Stell sie dir vor wie drei Stoffstücke, aus denen sich eine bunte Patchworkdecke zusammensetzen lässt. So eine Decke spendet Wärme und Gemütlichkeit, wenn du dich ausruhen willst – du kannst dich in sie hineinkuscheln. Schauen wir uns die drei Punkte genauer an.

RESPEKTIERE DEINEN RHYTHMUS Nach einer dunklen Nacht der Seele kann es vorkommen, dass wir völlig aus unserem Rhythmus geraten sind. Manchmal haben wir sogar vergessen, wie dieser war, müssen ihn erst wiederfinden. In Momenten der Ruhe fällt uns dann ein, wie wir die Dinge „früher" immer gemacht haben. Erst wenn die extreme Anspannung abfällt und freie Momente entstehen oder wir sie uns schaffen, kann sich unser Bedürfnis melden, wieder einen passenden, heilsamen Rhythmus für uns zu finden.

Jeder Mensch hat seinen eigenzeitlichen Rhythmus, so wie er auch einen einzigartigen Daumenabdruck oder eine einzigartige Stimme hat. Wir können uns fragen: Wann tue ich was? Wie schnell bin ich? Wie lange brauche ich, um Informationen und Erfahrungen zu verarbeiten? Jeder hat seine eigene Geschwindigkeit, seine zeitlichen Vorlieben. Es beginnt damit, dass wir Früh- oder Spätaufsteher sind, früh ins Bett gehen oder bis weit nach Mitternacht noch konzentriert arbeiten können. Dann brauchen die einen mehrmals am Tag Mahlzeiten, andere sind mit einer großen Mahlzeit zufrieden. Die einen lieben den Mittagsschlaf, andere merken, dass sie am Abend langsamer werden und nicht mehr hetzen wollen oder dass sie am Morgen ihre Zeit brauchen, bevor sie sich richtig wach fühlen. Unser eigenzeitlicher Rhythmus bestimmt unsere Persönlichkeit durch und durch: Manche Menschen handeln und reagieren sehr schnell. Sie antworten vielleicht, noch ehe der Fragesteller ausgeredet hat. Andere nehmen sich eine ausgedehnte Reaktionszeit, denken womöglich Wochen über eine Antwort nach und machen sich dazu Notizen. Für manche ist eine spontane Überraschung ein freudiges Ereignis, während andere etwa einen unangemeldeten Besuch als Störung des eigenen Rhythmus erleben. „Ich bin nicht so spontan", sagen wir dann oft.

Wie dein Herz hat auch dein ganzes Sein einen eigenzeitlichen Rhythmus, der beachtet werden will.

ALLTAG NEU LERNEN Vom üblichen Alltag sind wir Stress und ständige Dynamik gewohnt. Der Ablauf unserer Tätigkeiten ist oft holprig, in etwa so, wie wenn wir direkt nach dem Essen mit vollem Magen Leistungssport machen würden, weil es eben auf unserer To-Do-Liste steht. Häufig ist es eine Wunschvorstellung, dass wir unserem persönlichen Rhythmus täglich folgen

können. Infolgedessen verlernen wir es, und es ist für uns normal geworden, dass wir uns in äußere Rhythmen einfügen. Tun wir dies lange Zeit, ohne überhaupt noch unsere Eigenzeitlichkeit zu spüren, verlieren wir den Kontakt zu uns selbst immer mehr.

Liegt unser Alltagspuzzle also wieder einmal in Einzelteilen vor uns, zeigt sich das in Form von Orientierungslosigkeit. Wir fühlen uns fahrig, überfordert, und wissen schon nach dem Aufstehen nicht, womit wir anfangen und wie wir überhaupt alles schaffen sollen. Wir fühlen uns ständig angetrieben, jedoch ohne ein konkretes Ziel und ohne das Gefühl, auch irgendwann und irgendwo anzukommen.

Die Löwenruhe ist heilsam, weil wir in ihr zu unseren ganz eigenen Rhythmen zurückfinden können. Vor allem in den Momenten, die wir für uns haben. Aber wir können diese Möglichkeit auch nutzen, um unsere Alltagsroutine, unsere alltäglichen Abläufe insgesamt einmal unter die Lupe zu nehmen und neu zu überdenken.

Oft lässt sich nicht verhindern, dass wir von gewissen äußeren Rhythmen geprägt und bestimmt sind. Doch allein das Bewusstsein, dass wir einen eigenen Rhythmus haben, der auch berücksichtigt werden will, lässt uns achtsamer werden. Wir können unseren Blick dann wieder mehr auf die Möglichkeiten richten, unsere Eigenzeitlichkeit einzubringen und uns dadurch viel kraftvoller und zufriedener zu fühlen.

Fühlst du dich ständig angetrieben?
Wartest du auf etwas — aber du weißt nicht, was es ist?
Der Löwe meint: Es ist der Wunsch,
deinen eigenen Rhythmus zu leben.

Spätestens jetzt ist der Moment da, uns ganz bewusst einen neuen Alltagsablauf zu basteln. Sicher, einige Komponenten stehen fest wie vielleicht die Arbeitszeit. Doch was wir davor und danach tun, ist variabel. Wir können das Aufstehen, das Frühstück oder unsere erste wache Stunde jederzeit anders gestalten. Wir können nach der Arbeit einmal alles ganz anders machen und nicht wie jeden Tag. Wir können ein wenig mit unserem Rhythmus experimentieren, selbst wenn es nur im kleinen Rahmen ist. Schon eine Kleinigkeit kann große Wirkung haben.

Erforsche deinen eigenen Rhythmus
Was ist das Erste, das du morgens nach dem Aufstehen gerne tun würdest?
Wie sieht dein normaler Alltagszeitplan aus?
Wie passt dein eigener Rhythmus dazu?
Wo könntest du für dich kleine Pausen einbauen?
Was dauert meist länger als geplant und bringt dich in zeitliche Schwierigkeiten?
Gibt es einen Zeitpunkt am Tag, zu dem du dich regelmäßig total gestresst fühlst?
Wie möchtest du deinen Tag vor dem Einschlafen ausklingen lassen?
Wäre ein kleines Ritual – Kerze und Tee, Rückblick auf den Tag, Meditation etc. – eine Möglichkeit?

Wenn unsere Abläufe gut zueinanderpassen, fühlen wir uns wohl und kommen in eine Art unterschwelligen Flow. Dann beginnt der Alltag wieder zu fließen, fühlt sich stimmiger und geordneter an.

Sich (so oft wie möglich) den eigenen Rhythmus zuzugestehen, anstatt gegen ihn zu arbeiten, bringt uns Entspannung. So stellt sich leichter Zuversicht ein als unter Stress. Der Löwe hält den Eigenzeitrhythmus für einen der wichtigsten Kraftgeber: Er heilt womöglich besser als jede Medizin. Trotzdem finden eigenzeitliche Rhythmen kaum Beachtung in unserer Welt.

Manchmal fehlt vielleicht nur ein kurzer Besinnungsmoment, um wieder in unsere Mitte zu gelangen – aber wir geben ihn uns nicht. Krankheit weist uns darauf hin,

dass wir unseren Rhythmus zu lange ignoriert haben. In Ruhemomenten können wir dagegen wieder mehr in uns hineinhören und üben, mehr Vertrauen in unsere innere Rhythmik zu haben, selbst inmitten vorgegebener Zeitstrukturen. Es braucht Mut, meint der Löwe, dem eigenzeitlichen Rhythmus zu folgen, wenn von außen etwas anderes vorgegeben ist, doch der Mut wird belohnt. Wenn unser Körper Ruhe fordert und wir ihm diese zugestehen, obwohl der Verstand uns drängelt und auf den übervollen Schreibtisch oder die nahende Deadline hinweist, dann können wir ein oder zwei Tage später von ungeahnter Energie überrascht werden, die uns alle Aufgaben mit Leichtigkeit bewältigen lässt.

DEINE BEDÜRFNISSE Die Löwenruhe ist die perfekte Zeit, um dir selbst jeden Tag zu sagen: Ich habe Mitgefühl für mich. Ich weiß, dass die Vergangenheit herausfordernd war. Jetzt darf ich mir Gutes tun.
Was also tut dir heute gut? Nur du selbst kannst herausfinden, was du eigentlich wirklich willst und brauchst – und was du vielleicht bisher glaubtest, wollen zu müssen. Wollen zu müssen? Das klingt umständlich, ist aber ganz einfach: Viele unserer vermeintlichen Ziele oder Wünsche sind eigentlich gar nicht unsere eigenen. Sie wurden uns suggeriert oder ans Herz gelegt, und wir kamen gar nicht auf die Idee, sie zu hinterfragen. Hier können wir von kleinen Kindern lernen, deren „Nein" oder „Ja" noch spontan aus dem Herzen kommt. Immer häufiger auftretende Entscheidungsschwierigkeiten folgen erst später, wenn wir den Kontakt zu unserer inneren Stimme schrittweise verlieren, sodass sie von äußeren Stimmen übertönt wird. Oder wir nehmen sie zwar noch wahr, vertrauen ihr aber nicht mehr so recht. Überlege: Wann hast du das letzte Mal eine Entscheidung getroffen, die nicht im Einklang mit deiner inneren Stimme war? Wie fühlte es sich an und welche Konsequenzen hatte es? Und nun setze dagegen: Welche Entscheidung (groß oder klein) hast du aus vollem Herzen getroffen, obwohl es vielleicht Menschen gab, die dich umstimmen wollten? Aus welchen Gründen hat es sich gelohnt, dir selbst treu zu bleiben?

SELBSTFÜRSORGE UND PERFEKTIONISMUS Stell dir vor, du hättest einen wild wuchernden Garten, der dringend Pflege braucht, ja geradezu eine Generalüberholung. Doch du hast gerade die Höhle des Löwen durchschritten und bist noch erschöpft. Fängst du trotzdem an, gleich den ganzen Garten umzupflügen und willst es am besten in einem Tag schaffen?

Natürlich nicht, brüllt der Löwe vorsorglich sehr laut, damit du es nicht überhörst. Selbstfürsorge und Perfektionismus passen schlecht zusammen. Es gibt einen anderen Weg. Wenn du in deinem Garten eine schöne Blume siehst, dann kannst du eine kleine Sache tun: Gieße sie – und alles andere kann warten.

Selbstfürsorge bedeutet: Du trainierst dir an, deine Bedürfnisse überhaupt erst einmal wahrzunehmen. Dazu musst du nach innen hören. Du ahnst es längst: Es bietet sich geradezu an, dass du in deiner Löwenruhe Meditationszeiten einlegst. Wenn du keine festen Zeiten hast, kannst du dich auch spontan immer wieder einmal für ein paar Minuten in den Sessel setzen und die Augen schließen. Du kannst dich nach innen wenden und dich einfach nur auf deinen Atem konzentrieren. Oder eine Antwort auf eine Frage erbitten. Das ist das Prinzip vieler Übungen hier im Buch.

Ungeduld und Zukunftsängste verleiten uns dazu, unsere ohnehin schon zu volle To-Do-Liste noch voller zu packen: Was muss ich heute alles schaffen? Müsste ich nicht noch viel mehr tun? Dann bleiben Selbstfürsorge und eigenzeitlicher Rhythmus auf der Strecke – und die wohltuende Löwenruhe weicht wieder der alltäglichen Hektik. Also schnell mal für fünf Minuten in den Lieblingssessel und eine kleine Übung ausprobieren:

Eine Blume zu gießen gehört (auch) im übertragenen Sinn zu den Dingen, die jeden Tag wieder dran sind: etwas Schönes, Sinnvolles in unserem Leben zu pflegen,
indem wir ihm regelmäßig Aufmerksamkeit widmen. Zu tun, was heute dran ist,
und nicht mehr. Du kannst deine Blume nur jetzt gießen, in diesem Moment. Es
macht keinen Sinn, sie in Wasser zu ertränken, weil du das Gießen gleich für einen
ganzen Monat erledigt haben willst.

DEINE ESSENZ Innehalten und den eigenen Rhythmus erspüren. Innehalten
und unsere wirklichen Bedürfnisse erkennen. Noch einen dritten Zaubertrick
kennt der Löwe, um den inneren Halt zu festigen: innehalten und unsere Essenz
finden – die tiefste Wahrheit, die uns ausmacht und anleitet. Je besser das gelingt,
desto höher stellen wir den Regler für unsere Lebensqualität. Innere Wahrheit
zeigt sich durch wertfreie Selbstbegegnung. Indem wir uns einmal so ansehen (und
akzeptieren), wie wir tatsächlich sind, können wir anfangen, für uns selbst
Verständnis aufzubringen. Plötzlich wird klarer, wofür unser Herz schlägt, was
unsere Aufgaben sind. Unsere Essenz wird sichtbar, wenn wir uns auf uns selbst
einlassen.

Blick in den Spiegel
Stell dich vor einen Spiegel oder stelle einen Spiegel vor dir auf den Tisch. Was zeigt dir dein Bild?

Wie wirkt der Mensch, den ich im Spiegel sehe?
Wie fühlt er sich?
Wie steht er zu sich selbst?
Will er mir etwas mitteilen?

Die Spiegelübung hilft uns, in Kontakt zu uns selbst zu treten. Der Blick in den Spiegel macht es leichter, dass wir uns unvoreingenommen begegnen. Doch oft haben wir von uns selbst schon so feste Bilder, dass wir das Original gar nicht (mehr) sehen möchten. Im Buch „Das Bildnis des Dorian Grey" von Oscar Wilde scheint die Hauptfigur Dorian über Jahre nicht älter zu werden. Dafür verändern sich jedoch auf geheimnisvolle Weise die Gesichtszüge seines Porträts, das von einem befreundeten Maler angefertigt wurde. Als er den Zusammenhang erkennt, wächst seine Angst, das Bild anzusehen, und er schließt es weg. Dorian gerät auf die schiefe Bahn und zögert seine Selbstbegegnung so lange heraus, dass der Anblick des Porträts – so könnte man interpretieren – ihn am Ende das Leben kostet, weil er über seine Kräfte geht.

Um uns selbst zu erfahren,
kommen wir auf die Welt.
Geschieht dies nicht,
wird unsere Seele nicht satt.

Wenn wir uns die Mühe machen, immer wieder in die Tiefe zu gehen und uns selbst wirklich zu begegnen, halten wir den Schlüssel für ein gesundes, ausgeglichenes Leben in Händen. Tun wir es nicht oder nicht ehrlich genug, sind auch Medikamente nur eine Behandlung der Symptome, nicht aber der Ursache, meint der Löwe. Um den Herzschlag unseres physischen Körpers aufrechtzuerhalten, müssen wir unseren emotionalen Herzschlag in Gleichklang dazu bringen.

WAS MACHT DICH EINZIGARTIG? „Man kann nicht alle schönen Muscheln am Strand sammeln", sagte Anne Morrow Lindbergh. Wir können in unserem Leben nicht alles zugleich sein, nicht zeitgleich alles tun und durch alle Türen gehen. Wir treffen Entscheidungen, deren Summe und Kombination jeden von uns einzigartig macht. Wieder begegnet uns die Notwendigkeit zu sortieren: Was behalte ich und was nicht? Was macht mich aus und was nicht? Im Englischen gibt es als Entscheidungshilfe den Satz „Is this me?" – Bin ich das? Passt das zu mir? Schenkt mir das Kraft?

Je mehr wir aussortieren und alten Ballast abwerfen, desto mehr erscheint unser einzigartiges Profil, und wir werden präsenter. So kommen wir uns selbst näher (Wer bin ich – wer bin ich nicht?) und können dadurch immer klarere Standpunkte einnehmen. Wir stehen nicht mehr „im Nebel", sondern machen zunehmend die Erfahrung, wie sich unsere Einzigartigkeit enthüllt.

Dein Manifest
Formuliere einige kraftvolle Sätze, die deine Essenz ausdrücken, und schreibe sie in dein Notizbuch. Impulse könnten sein:

Wofür schlägt mein Herz?
Was sind meine Werte?

Was macht mich aus?
Nach welchen Leitlinien möchte ich leben?
Was bringe ich in die Welt?
Was ist mein besonderes Talent?

Du musst nicht auf alles eine Antwort haben. Doch vielleicht berührt die eine oder andere Frage etwas in dir. Dein Manifest braucht nicht lang zu sein: kurz, knapp und auf den Punkt gebracht, kannst du es dir stets leicht in Erinnerung rufen. Vielleicht schreibst du es auf eine kleine Karte, die du in deiner Handtasche oder Geldbörse aufbewahrst. Oder du legst die Karte in eine Schublade, die du häufig öffnest. Du kannst dir dein Manifest auch täglich in der Pause einmal in Erinnerung rufen, als tägliches „Coffee-Date" (oder „Tea-Date" für alle Teetrinker). Schon bald wirst du merken, wie es sich mehr und mehr verinnerlicht.

Und noch eine Testfrage vom Löwen:
Woran würdest du spontan denken,
wenn du genau jetzt aufhörst,
über deine Sorgen nachzugrübeln?

Nimm deine Festung ein

„Wir haben vergessen, dass wir die gesamte Welt immer in uns tragen, und rennen ihr deshalb im Außen hinterher", schreiben Veit und Andrea Lindau in „Königin und Samurai". In ihrem Buch ist die Rede von einem „inneren Königreich", das es für ein erfülltes Leben zu finden gilt. Könnte in dieser Idee eine Verbindung zur Löwenhöhle bestehen?

VON DER HÖHLE ZUR FESTUNG Ja, die gibt es, sagt der Löwe, denn dieses innere Königreich ist ja in der Löwenhöhle angelegt. Nennen wir es deine Löwenfestung. Und wie du siehst, wird sie dir keinesfalls gleich als perfekte Idylle geliefert, sondern ihre Tragfestigkeit muss sich erst im Lauf der Zeit entwickeln. Im ersten Teil des Buches haben wir der Löwenhöhle die Bedrohung genommen, indem wir uns mutig der dunklen Nacht der Seele gestellt haben. Spätestens als wir den Löwen als Freund erkannt haben, hat die Höhle ihre letzte Bedrohlichkeit verloren. Auch eine gemütliche Patchworkdecke haben wir schon zur Verfügung (Eigenrhythmus, Bedürfnisse und Essenz, siehe Übung auf Seite 56), und dennoch fühlt sich die Höhle im Moment vielleicht noch etwas kahl an. Um sie so richtig gemütlich und sicher zu machen, müssen wir ein wenig Arbeit investieren und uns noch ein Stück tiefer auf uns selbst einlassen.

ALTER SCHMERZ Neben dem akuten Schmerz, um den es in der Löwenhöhle ging, trägst du in dir noch einen Schmerz, der tiefer sitzt, der dich schon lange begleitet und dich auf seine Weise mit ausmacht. Immer wieder aufs Neue ist er Auslöser für neue schmerzvolle Ereignisse.
Deine Seele möchte Erfahrungen sammeln. Sie möchte wissen, wie sich Leben anfühlt. Bei den schönen Dingen geht das leicht, denn du fühlst sie leidenschaftlich gern. Deinen Schmerz dagegen, die Schattenseite des Schönen, vermeidest du lieber. Doch leben wir ständig im „Vermeidungsmodus", merkt unsere Seele, dass sie nicht zum Zug kommt. Sie kann wichtige Erfahrungen nicht machen, denn sie kann sie nicht fühlen! Also sucht sie sich immer wieder eine ähnliche Gelegenheit, bis wir bereit sind, einmal wirklich wahrzunehmen, wie sie sich anfühlt. Indem wir Schmerz also zulassen, um die jeweilige Schmerzerfahrung zu machen, befreien wir uns und unsere Seele und können weitergehen auf unserem Weg.
Die folgende Übung ist etwas zeitaufwendiger als die meisten anderen hier im Buch. Der Löwe empfiehlt dafür etwa fünfzehn Minuten und etwas Ruhe, um sie nachwirken zu lassen. Lies sie zuerst durch, dann setz dich bequem hin und schließ die Augen, wenn du magst.

Innere Schmerzbegegnung

Atme ein paarmal tief und komm innerlich zur Ruhe. Stell dir nun vor, wie du dich aus der Löwenhöhle ins Freie begibst, wo die Sonne scheint. Du reckst dich und streckst dich – und erfreust dich an der frischen Luft.

Plötzlich begegnet dir eine Wesenheit mit großen Augen. Sie wirkt verloren, doch sie kommt dir auch bekannt vor. Sie sagt: „Ich bin dein Schmerz, den du schon lange tief in dir trägst. Ich bitte dich, mich anzusehen!"

Du betrachtest die Wesenheit. Welche Gefühle kommen hoch? Findest du sie abstoßend oder kannst du den Anblick ertragen? Was hat sie dir zu erzählen? Kannst du dich darauf einlassen? Versuche, ihr ein wenig Zeit zu schenken, ihr zuzuhören, wenn du kannst.

Ziel ist nicht, unser inneres Schmerzwesen „weg"
zu bekommen, sondern ihm die Hand zu reichen.

Oft sind wir uns gar nicht bewusst, dass wir unser inneres Schmerzwesen direkt ansprechen können. Es mag all die Dinge repräsentieren, die wir an uns ablehnen, als schwach oder falsch empfinden. Daher ist die Begegnung mit ihm keine leichte Übung. Vielleicht fällt dir das Zuhören anfangs schwer. Vielleicht hört die Wesenheit gar nicht mehr auf zu reden. Doch der Schlüssel ist die Zuwendung, die du ihm schenkst. Nimm die Wesenheit ernst, ohne dich jedoch von ihr nach unten ziehen zu lassen. Indem du ihr Gehör schenkst, kannst du lernen, für dich selbst immer mehr Verständnis und Akzeptanz aufzubringen.

Der Löwe rät: Übe, deinem Schmerzwesen regelmäßig zu begegnen und ihm ein bisschen zuzuhören. Nach und nach bringt dir das ein Gefühl der Erleichterung,

als ob dir ein Stein vom Herzen fällt. Denn genau das bewirkst du mit dieser Übung. Und sie hat auch eine Auswirkung auf deine Mitmenschen. Das Prinzip lässt sich in Familienaufstellungen beobachten: Wenn im System eine Person ihre Ausrichtung oder ihren Standort verändert, möchten sich plötzlich auch andere Personen (oder Aspekte) bewegen. Durch das bewusste Hinwenden zu deiner Schattenseite werden neue Qualitäten frei, die dir fortan zur Verfügung stehen. Aus Wahrnehmung entsteht also Heilung, und aus Heilung entsteht eine innere Festung.

Wenn wir uns mit unserem Schmerz und unseren Schattenseiten akzeptieren, können sich Menschen zu uns hinwenden, die vorher abgewandt waren.

ÄNGSTE WAHRNEHMEN Auch Ängste sind ein Teil unseres Schmerzwesens. Wenn wir den Mut haben, unsere tiefen Ängste genauer anzusehen, verlieren sie ihre Bedrohlichkeit, und ihre Macht über uns nimmt ab. Blockaden oder Einschränkungen, die durch eine bestimmte Angst entstanden sind, können dann aufgelöst werden. Jeder Moment, den wir uns also nehmen, um unseren Ängsten wie ein neutraler Beobachter zu begegnen und sie bewusst wahrzunehmen, ist eine sofortige Investition in unsere Zukunft – nachhaltig und gratis.

Was sind meine Ängste?
Notiere in dein Notizbuch Antworten, die dir spontan in den Sinn kommen:
Was sind die großen Ängste in meinem Leben?
Welche Ängste waren schon immer da?
Welche beschäftigen mich vor allem in der letzten Zeit?
Welche Situationen vermeide ich lieber – welche Ängste stecken dahinter?

WAS WILL DIR DIE ANGST SAGEN? Ängste wollen dir nicht dein Dasein verderben, sagt der Löwe. Sie haben Aufgaben in deinem Leben. Sie sind Wegweiser, die dich immer wieder zu einer Thematik lenken, etwa einem Bereich, in dem du dich vielleicht selbst einschränkst. Oder sie bringen dich berechtigterweise in manchen Situationen dazu, Vorsicht walten zu lassen. Ziel ist daher nicht, sie loszuwerden oder wegzudrücken, sondern sich mit ihnen auseinanderzusetzen. So kannst du dich selbst besser kennenlernen und auch Verständnis für dich aufbringen, anstatt dich abfällig oder enttäuscht zu kritisieren, wenn du in deinen Augen „mal wieder versagt" hast. Das Gegenteil von Angst ist Liebe, hört man oft. Begegne deinen Ängsten liebevoll, denn daraus kann und wird immer Gutes entstehen.

Du kannst diesen Prozess unterstützen, indem du die Übung „Innere Schmerzbegegnung" aus dem vorigen Kapitel auch mit deinen Ängsten durchführst: Wähle eine Angst aus deiner Liste und stell sie dir als Wesenheit vor, die dir begegnet. Sei aufmerksam, wie sie dir erscheint und was sie dir mitteilen möchte.

Manchmal bauschen wir Dinge zu Bedrohlichkeiten auf, ohne sie überhaupt zu hinterfragen. So setzen wir uns feste Grenzen, die uns vielleicht gar nicht bewusst sind. Wir haben bestimmte Situationen immer vermieden, also tun wir es auch weiterhin. Doch warum probierst du nicht mal etwas Neues aus, wagst etwas? In jeder Angst liegt eine Chance. Wenn du herausgefunden hast, dass eine Grenze oder ein Hindernis nur in deinem Kopf besteht, fühlst du dich fantastisch. Du wächst über dich selbst hinaus. Das heißt nicht, dass du etwas übers Knie brechen musst. Doch alles, was spielerisch, vielleicht sogar mit etwas Humor gelingt, bereichert das Leben.

> *In jeder Angst liegt die Chance,*
> *über dich selbst hinauszuwachsen.*

EIGENE FEHLER EINGESTEHEN Nicht nur in der Würdigung von unserem Schmerz liegt ein großes Heilmittel, sondern auch in der Anerkennung dessen, was wir vielleicht „falsch" gemacht haben. Oft konzentrieren sich Therapien und

Bewusstwerdungsprozesse nur auf den Schmerz, was leicht impliziert, wie viel uns im Leben schon „angetan" wurde. Doch es ist auch wichtig, uns im Rückblick nicht nur in der Opferrolle zu sehen. Es war uns vielleicht gar nicht bewusst – aber mit ziemlicher Sicherheit haben auch wir schon Menschen verletzt oder abgewiesen, obwohl sie eigentlich in guter Absicht zu uns kamen. Auch wir haben gewiss schon unüberlegte Dinge gesagt, Situationen falsch eingeschätzt oder andere Menschen vorschnell verurteilt.

Lassen wir diese Erkenntnis zu (ohne uns dabei jedoch zu verurteilen), kann es uns leichter fallen, mit der Vergangenheit Frieden zu schließen. Wir verstehen vielleicht, dass wir nicht immer nur Opfer waren, sondern auch selbst zum Geschehenen beigetragen haben. Wenn es uns gelingt, dafür die Verantwortung zu übernehmen, kann sich das sehr befreiend anfühlen.

Kannst du Fehler eingestehen?
Notiere in dein Notizbuch drei Begebenheiten, bei denen du im Rückblick gerne anders gehandelt oder reagiert hättest. Überlege, was damals die Konsequenz war und wie sich diese durch ein anderes Handeln verändert hätte. Sei dankbar über die Erkenntnis, ohne dir selbst Vorwürfe zu machen.
Sollte es eine Situation sein, die sich wiederholen könnte, bleibt dir die Chance, beim nächsten Mal anders zu reagieren.

DIE FESTUNG WIRD SICHTBAR Je mehr erstarrte Bereiche wir in uns entdecken und wieder sanft in Bewegung bringen, umso lebendiger fühlen wir uns. Einen ansehnlichen und nicht immer leichten Teil der Löwenreise hast du bereits hinter dich gebracht, sagt der Löwe, und das Ergebnis kann sich sehen lassen:

Durch die Konfrontation mit dem Schmerz auf verschiedenen Ebenen hast du entdeckt, dass es in dir eine mächtige Kraftquelle gibt – eine Festung, die von dir gestaltet und genutzt werden will.

Hast du die Löwenhöhle gemeistert
und darin deine Festung entdeckt,
wirst du dem Leben ganz anders begegnen können.

Lass dich tragen

Mit einer inneren Festung können wir dem Fluss des Lebens leichter vertrauen: Wir können neugierig sein, was auf uns zukommt, ohne immer gleich alles kontrollieren zu müssen. Zwar warnt uns vielleicht noch der innere Zweifler: „Das könnte riskant sein! Lieber den Überblick behalten – man kann sich doch nicht einfach vom Leben treiben lassen!"
Doch warum eigentlich nicht?

„Und im übrigen lassen Sie sich das Leben geschehen.
Glauben Sie mir: das Leben hat recht, auf alle Fälle."

RAINER MARIA RILKE, BRIEFE AN EINEN JUNGEN DICHTER

Im Film „A Straight Story" von David Lynch tritt Alvin Straight, der sein Ende herankommen fühlt, eine letzte Reise zu seinem Bruder an – auf einem Aufsitzrasenmäher. Er fährt damit sagenhafte 300 Meilen, und diese Reise ist ein Plädoyer, sich dem Rhythmus des Lebens zu überlassen und zu schauen, wohin es einen trägt. Während der Fahrt und den Pausen, die er einlegt, hat Alvin interessante Begegnungen und Gespräche. So wird die Fahrt zur vielleicht besten Reise seines Lebens.

Dir alles einfach zufließen zu lassen, was du brauchst; leichten Herzens durch die Welt zu gehen, ohne eine bestimmte Richtung zu erzwingen; zu vertrauen, dass für dich gesorgt ist, klingt das nicht königlich? Doch es ist eben nicht immer leicht, ein guter König zu sein. Königsdisziplin brauchen wir, um nicht wieder ins Zweifeln zu rutschen. Wir müssen Ausschau nach Impulsen oder Erfahrungen halten, die wir immer wieder in unserer inneren Festung verankern können, damit sie uns Halt gibt, wenn wieder einmal stürmische Zeiten aufziehen.

URVERTRAUEN Wenn wir uns vom Leben tragen lassen, können wir trotzdem die Richtung mitbestimmen: Hingabe und eigene Wünsche widersprechen sich keineswegs. Wir können – und sollen – Ziele und Wünsche haben. Entscheidend ist dabei unsere innere Haltung, der Übergang von einem „Ich muss alles allein schaffen" oder „Das wird nie was!" zu der tiefen Überzeugung: „Das Richtige wird schon zur passenden Zeit zu mir kommen."
Wenn wir auf Rilkes Motto vertrauen („Das Leben hat recht, auf alle Fälle"), können wir in unseren Erwartungen gelassener bleiben, auch wenn das nicht immer leicht ist. Doch mal ehrlich: Wie oft haben wir im Nachhinein festgestellt, dass wir uns dreiviertel unserer Kräfte (unseres Geldes, unserer Sorgen ...) im Grunde hätten sparen können? Warum in Zukunft nicht gleich ein wenig gelassener sein? Urvertrauen ist eine Hommage an das Jetzt. Deine innere Festung will zu einem Schiffchen werden, das dich sicher über den Fluss trägt. Vielleicht schlagen die Wellen auch mal höher, doch die Erfahrung, dass du trotzdem nicht untergehst, bestärkt deinen Glauben in deine Festung immer mehr. Die Entdeckung deiner inneren Festung ist das Beste, was dir in deiner Löwenruhe passieren kann.

Die Übung lässt sich jederzeit ohne viel Aufwand wiederholen, ob in der Warte-
schlange oder beim Geschirrspülen. Mit etwas Training kommst du immer schneller in die Herzensfreude.

Einweihung

In seinem Buch „Der Heros in tausend Gestalten" hat der Mythenforscher Joseph
Campbell Stationen der menschlichen Entwicklung aufgezeigt, die sich immer
wiederholen. Ob Mythen, Märchen oder Legenden aus unterschiedlichen Kulturen
und Religionen, ob Hollywood-Filme oder die einfache Gutenachtgeschichte: Sie
alle folgen demselben Muster. Der Held oder die Heldin muss aus dem gewohnten
Umfeld aufbrechen, sich auf eine (Entwicklungs-)Reise begeben und kehrt verändert zurück. Er oder sie hat entscheidende Erkenntnisse über das Leben gewonnen, und, was genauso wichtig ist, kann und soll dieses Wissen nun weitergeben.

Richten wir den Blick auf uns selbst, können wir einzelne Herausforderungen, aber auch unser ganzes Leben als solche (Helden-)Reise begreifen: Viele kleine Reiseabschnitte münden in eine große Reise. Am Ende eines Abschnitts steht oft eine Prüfung, gefolgt von einer Erhöhung oder Einweihung in eine höhere Stufe – so will es laut Campbell der Mythos als universelles Grundmuster des Lebens. Wurde die Prüfung gemeistert, werden Held oder Heldin vom Leben belohnt.

DIE PRÜFUNG Vielleicht verschärft das Leben zum Ende deiner Löwenruhe also noch mal die Bedingungen. Es zeigen sich äußere Umstände, die dich erneut herausfordern oder deine Geduld auf die Probe stellen. Oder die Dinge laufen nicht (gleich) so, wie du dachtest. Man könnte auch sagen: Jetzt wird getestet, wie tragfähig deine innere Festung ist.

„Immer, bevor ein Traum in Erfüllung geht, prüft die Weltenseele all das, was auf dem Weg gelernt wurde", schreibt Paulo Coelho in „Der Alchimist". Dies ist, so Coelho, keinesfalls aus Bosheit der Fall, sondern damit wir in unserer Entwicklung wachsen und die Früchte dieses Wachstums – wie unsere innere Festung – auch ernten.

LIEBER ALL-EIN ALS ALLEIN Wenn wir uns vom Leben tragen lassen, setzen wir voraus, dass etwas existiert, das schon vor uns da war. Wir gehen in Dialog mit dem, was uns erschaffen hat und höchstwahrscheinlich auch schützen und anleiten will. Je nach Glaube oder Religion finden wir verschiedene Namen für diese höhere Macht. Dennoch ist nicht ihr Name, sondern unsere Hingabe an das Größere maßgeblich, um zu fühlen, was es uns vermittelt: „Du bist nicht allein." Es gibt keine völlige Isolation. Indem wir uns in der Alleine-Zeit für unsere innere Zuflucht öffnen, werden wir empfänglich für die Verbindung mit dem All-Einen und seinen vielfältigen Stimmen.

Ein „Alleinsein" jenseits der Masse, ein temporärer Rückzug mag sich vorübergehend nach Isolation anfühlen, doch er verbindet uns auf höherer Ebene mit der Welt. Nicht nur gesprochene Worte dienen uns dann als Mittel, um uns mitzuteilen. Auch Gedanken, Gefühle und Ahnungen. „Alleinsein" bekommt eine neue

Bedeutung, die nichts mehr mit Abgeschnittenheit zu tun hat. Es beschreibt die Einkehr nach innen – als Schlüssel zu einer Welt, die unermesslich größer und vernetzter ist als für uns vorstellbar.

Deine innere Festung ist also kein abgeschlossener Ort, sondern ein verbundener Ort, verbunden mit dem höheren Plan. Sie ist wie eine Quelle, die dich nährt und aus der letztlich alles entspringt, was sich in deinem Leben zeigt. Die Quelle wird gespeist aus der Urquelle, dem Großen, Ganzen.

Als Sinnbild für die Einbettung des Einzelnen im Ganzen gibt es ein uraltes, allumfassendes Symbol: die Blume des Lebens. Wenn du magst, nimm dir ein wenig Zeit, um sie zu betrachten und auf dich wirken zu lassen. Es gibt zwischen den einzelnen Kreisen keine Trennung, sondern sie greifen ineinander und bilden damit ein unendlich großes Netz. Kannst du darin ein Grundmuster des Lebens erkennen?

WAS MÖCHTEST DU WISSEN? Zuhören ist aus der Mode gekommen, schon aus Zeitgründen, sodass wir es uns erkämpfen müssen, unsere Stimme im Außen hörbar zu machen. Oft braucht es nicht gleich ein Coaching oder eine Therapie, sondern einfach nur einen Menschen, der uns Zeit und Aufmerksamkeit schenkt. Schon dadurch, dass wir jemandem unsere Geschichte erzählen, gewinnen wir neue Einsichten. Auch der Zuhörer hat etwas davon: Wie durch Zufall fällt oft eine Antwort, nach der er gesucht hat.

werde still und höre zu, damit du die Lösungen bemerkst,
die dir gerade in den Schoß fallen.

Doch wir können nicht nur anderen Menschen oder den Medien zuhören, sondern auch dem Leben selbst. Gerade die Löwenruhe eignet sich dafür, denn sie ist eine besondere Zeit, um Informationen zu sammeln und unser Verständnis des Lebens auszudehnen. Dazu müssen wir nicht endlos im Internet surfen oder Stunden in Bibliotheken verbringen.

Du möchtest Antworten, die wie maßgeschneidert auf deine Fragen und Themen passen? Dann probier es doch mal mit „magischem Zuhören", rät der Löwe. Eltern wissen: Es gibt gute und weniger gute Momente, in denen Kinder uns Löcher in den Bauch fragen. Wenn wir Muße haben, fallen unsere Antworten gern länger aus, als das Interesse der kleinen Zuhörer reicht. Doch ist der Zeitpunkt unpassend, dann bleibt die Antwort knapp, oder wir haben keine. Die Löwenruhe ist ein günstiger Zeitpunkt, um Antworten zu bekommen. Stell dir vor, das Leben setzt sich mit dir in ein Café und bietet dir an, dir ein paar Fragen zu beantworten. Die höheren Mächte möchten dir Einsichten ermöglichen und gewähren dir eine besondere Audienz. Nutze sie, denn sie ist extrem kostbar!

Stell dir vor: Das Leben setzt sich mit dir in ein Café,
um ein wenig zu plaudern. Was würdest du fragen?

MAGISCHES ZUHÖREN Das magische Zuhören funktioniert so, dass du dem Leben deine Fragen präsentierst – und dir dann die Antworten „servieren" lässt. Impulse können sein:

- Wohin führt mein Weg?
- Was ist meine besondere Aufgabe?
- Was gilt es noch zu heilen?
- Was möchte sich aus meinem Leben verabschieden, was möchte hinzukommen?

Vielleicht hast du auch umfassendere Fragen zum Menschsein, zur Seele, zu den höheren Mächten oder zum Universum. Am besten notierst du alle Fragen, sobald sie dir über den Tag hinweg einfallen, dann geraten sie nicht wieder in Vergessenheit. Reserviere dafür einen Bereich in deinem Notizbuch oder schaff dir ein separates Buch dafür an. Lass unter jeder Frage Platz für eine Antwort. Notiere diese, sobald sie dir geschenkt wurde.

Sobald wir eine Frage gestellt haben, ist damit der Weg für die Antwort gebahnt. Magisches Zuhören bedeutet nichts anderes, als nun in einer offenen Haltung durch den Tag zu gehen. Sei aufmerksam für kleine Zeichen, für Dinge, die andere dir vielleicht erzählen, für Plakate, die dir ins Auge fallen, während du an der Ampel wartest, oder ähnliche kleine Zufälle. Du hast die Frage eröffnet, nun kannst du dich entspannt (oder gespannt) auf die Antwort freuen.

Vielleicht trinkst du eine heiße Schokolade an einem Herbstnachmittag. Draußen siehst du goldene Blätter fallen, der Anblick der Bäume erinnert dich an deine Kindheit. Du denkst nichts Bestimmtes und bist einfach offen. So lädst du das Leben ein, dich mit Wegweisern zu versorgen. Mal nimmst du vielleicht konkrete Worte als Botschaften wahr, mal eher „magische Zwischentöne": eine Ahnung, ein Gefühl, einen Impuls. Magisches Zuhören funktioniert auch in der Meditation, wenn du deine Aufmerksamkeit nach innen richtest. Konzentriere dich auf deinen Atem und werde still, damit die Stille mit göttlicher Information gefüllt werden kann.

Die Erfahrung, dass uns Antworten auf eine für uns passende Art geschickt werden, ist so ermutigend. Manchmal fühlt es sich an, als würden wir dem Alltag kurz enthoben, um dem Leben selbst zu begegnen und „hinter die Kulissen" zu sehen. Wir nennen diese Momente „Geistesblitze", so als hätten wir das All-Eine in seinem Kern begriffen, und das macht uns glücklich. Durch solche Geistesblitze sagt uns das Leben, dass wir gerade auf dem richtigen Weg sind.

DER WIND DREHT SICH Wenn du dich immer mehr innerlich „angekommen" fühlst, sind die Tage deiner Rückzugszeit irgendwann gezählt. Du spürst, wie der

Wind draußen allmählich Fahrt aufnimmt. Frohe Erwartung stellt sich ein oder der Wunsch, wieder aktiv zu werden und eine neue Aufgabe zu übernehmen. Vielleicht fühlst du in dir die leise Ahnung oder Idee, dass nun bald etwas Neues auf dich zukommt.

Sieh es als Wink „von oben", dass das Rad des Schicksals (im Tarot die Arkana-Karte, die auf den Eremiten folgt) sich wieder in Bewegung setzt. Vielleicht kommt aus heiterem Himmel das richtige Angebot zur richtigen Zeit, eine lang erwartete Rückmeldung oder eine unerwartete Lösung für ein Problem. Vielleicht wird gerade der Welpe geboren, auf den du schon ewig gewartet hast, oder deine Traumwohnung wird frei und du erfährst es zuerst. Vielleicht ergeben sich neue finanzielle Möglichkeiten und ein neuer Gestaltungsspielraum liegt vor dir wie ein leeres, noch unbeschriebenes Blatt. Ein leichtes Kribbeln setzt ein, doch verursacht es dir keinen Stress – es weckt eher Neugier.

Lass dich vertrauensvoll vom Leben wieder aus der Löwenruhe herausführen, denn du wurdest ja auch ohne dein Zutun auf die Löwenreise geschickt. „Herausführen" muss nicht heißen, dass es von jetzt auf gleich wieder laut und hektisch wird, im Gegenteil: Die Dinge dürfen sich in deinem Tempo entwickeln. Und möglicherweise hast du dir in der Löwenruhe einige Gewohnheiten oder Rituale zugelegt, zum Beispiel regelmäßige Zeit für Innenschau, die du dir auch in Zukunft bewahrst. In jedem Fall umgibt dich am Ende der Löwenruhe eine besondere Energie. Der Löwe nennt sie den „Zauber des Neubeginns": Mehr dazu in Teil 3.

Zeit für ein Glas Sekt
Zünde eine Kerze an und blättere feierlich durch dein Notizbuch. Lass Revue passieren, was du bisher notiert hast. Welche Erkenntnisse hast du gewonnen? Welche berühren dich besonders? Welche verändern möglicherweise deinen weiteren Weg, eröffnen dir neue Perspektiven?

Überblick: Tauch ein in deine Löwenruhe

Rainer Maria Rilke wünschte seinem Freund, dem jungen Dichter, „vertrauensvoll und geduldig die großartige Einsamkeit an sich arbeiten [zu] lassen, die nicht mehr aus Ihrem Leben wird zu streichen sein; die in allem, was Ihnen zu erleben und zu tun bevorsteht (...) leise entscheidend wirken wird". Ein zeitweiser Rückzug kann sich also maßgeblich auf den weiteren Lebensweg auswirken. Sie ist eine wertvolle Investition in dich selbst.

Hier noch einmal die fünf Impulse zur Löwenruhe im Überblick:

1. FOLGE DEM RUF: Du begibst dich in eine Rückzugsphase, für die du entsprechend deiner persönlichen Möglichkeiten den Rahmen schaffst.

2. INNEHALTEN UND INNEN HALT FINDEN: Du erkundest deinen Rhythmus, deine wahren Bedürfnisse und deine Essenz. Durch die wachsende Selbstklarheit wächst dein innerer Halt – und das wird sich auch in äußeren Umständen widerspiegeln.

3. NIMM DEINE FESTUNG EIN: Nun bist du gewappnet, um noch weiterzugehen und altem Schmerz sowie tiefen Ängsten zu begegnen. Dieser mutige Schritt gibt deinem inneren Halt noch mehr Fundament, sodass er zu einer richtigen Festung werden kann.

4. LASS DICH TRAGEN: Je sicherer du dich innerlich fühlst, umso mehr kannst du dich vom Leben tragen lassen. Probier es immer mal wieder aus und beobachte, was diese neue Haltung in deinem Leben bewirkt.

5. EINWEIHUNG: Das Ende der Löwenzeit kündigt sich an, wenn du spürst, dass du wieder Lust hast, aktiver zu werden. Möglicherweise erfährst du nochmals eine Prüfung – doch nicht, ohne dass du belohnt wirst: Die Einweihung ist der magische Abschluss, bevor dich das Leben aus dieser besonderen Lehrzeit entlässt. Sei gespannt, was dich nun erwartet!

TEIL 3

Löwenkräfte

Wann, wenn nicht jetzt ist die Zeit, um einen anderen Weg einzuschlagen, vielleicht sogar etwas Neues zu wagen? Von deiner Festung aus kannst du deinen Blick mit Gelassenheit und Vorfreude in die Zukunft richten, in Ruhe Inspiration sammeln und brauchst nichts zu überstürzen. Sei im Vertrauen, dass sich gute Dinge für dich ergeben, denn du hast jetzt beste Voraussetzungen dafür.

Genieß die Aussicht

Die Löwenreise begann holprig. Eine unerwartete Veränderung, ein Verlust, eine vielleicht beängstigende Herausforderung stand plötzlich vor deiner Tür und brach in dein Leben ein wie ein ungebetener Gast. Schauen wir zurück:

ERKENNTNIS 1: Du hast nicht aufgegeben.

ERKENNTNIS 2: Du hast dich in der Höhle dem Löwen gestellt – und am Ende einen Freund gewonnen.

ERKENNTNIS 3: Du hast eine innere Festung gefunden.

Wenn du die Löwenreise bis hierher durchlaufen hast, hast du mittlerweile die Seiten gewechselt: Du befindest dich nicht mehr in der Ruhe vor dem Sturm, sondern nach dem Sturm – was deutlich angenehmer ist. An diesem Punkt des Weges ist spürbar, dass das Drängende und Dramatische verschwunden ist. Das Chaos hat sich gelichtet und du hast dir den Blick freigeschaufelt, sodass du dich wieder orientieren kannst. Genieß die Aussicht! Es ist nicht so, dass es nichts mehr zu tun gibt. Doch was jetzt kommt, hat eine andere Qualität. Wiederaufbau? Neustart? Bleiben wir doch einen Moment bei der Suche nach dem richtigen Namen für diese bedeutsame Phase.

ALLES NEU AUSRICHTEN? Warum denn das? Vielleicht fragst du dich, was überhaupt gemeint ist, da du kaum neue Gestaltungsmöglichkeiten in deinem Leben siehst. Vieles scheint festgelegt, zum Beispiel dein Berufs- und Familienleben, deine Zeiteinteilung, deine finanziellen Möglichkeiten. Die Notwendigkeit von Änderungen hängt zudem auch von dem Ereignis ab, das dich ursprünglich auf die Löwenreise geführt hat. Hast du eine Beziehung beendet, warst du wahrscheinlich automatisch mit der Suche nach einer neuen Wohnung, der Neuausrichtung deiner Pläne oder deiner finanziellen Situation konfrontiert.

Aber vielleicht hatte deine Löwenreise auch einen ganz anderen Auslöser, der zwar innerlich, weniger aber äußerlich Veränderungen nötig machte. Daher drückt der Löwe sich eher vage aus, er sagt nicht mehr und nicht weniger als: Der Zauber des Neubeginns liegt in der Luft. Denn eine Löwenreise in all ihrer Intensität ist niemals folgenlos. Jetzt ist es nicht mehr rückgängig zu machen: Du hast dich verändert.

EIN BESONDERER MOMENT Nimm dir die Zeit, die Veränderung zu würdigen. Ruf dir noch einmal die letzte Übung aus Teil 2 in Erinnerung: Deine Sicht hat sich geweitet. Dein Vertrauen ins Leben kann erheblich wachsen, wenn du eine innere Festung als Stützpunkt hast. Vielleicht traust du dich plötzlich, öfter mal einen Blick über den Tellerrand oder hinter die Kulissen zu wagen, wo neue Möglichkeiten auf dich warten. Doch nicht nur das, du konntest in der Löwenruhe auch neue Energie tanken. Daher ist dies jetzt ein besonderer Moment: Neue Möglichkeiten treffen auf frisch aufgetankte Löwenkräfte. Solche Momente sind Sternstunden, denn sie sind rar.

Ein erweiterter Horizont und eine aufgeladene Batterie setzen unweigerlich etwas Neues in Bewegung.

Du kannst stolz auf dich sein, was du alles gemeistert hast, sagt der Löwe – und gespannt, wie sich die inneren Veränderungen im Außen zeigen werden.

WIE INNEN SO AUSSEN Denn die innere Welt erschafft die äußere. Viel zu oft setzen wir im Außen an, um Veränderungen zu erreichen. Doch der Löwe meint, es ist nachhaltiger, das Ganze erst einmal in der Innenschau zu betrachten und dort die notwendigen Justierungen vorzunehmen.

In seinem Buch „Das Café am Rande der Welt" spricht John Strelecky vom Zweck
der Existenz („ZDE") oder der Frage: „Warum bist du hier?" In dem Moment, in
dem du beginnst, darüber nachzudenken, lässt dich die Frage nicht mehr los, so
der Tenor des Buches. Wer seinen „ZDE" kennt, kann sich fortan immer mehr den
Tätigkeiten widmen, die ihm wirklich entsprechen.

Der Löwe möchte dir einen Tipp mit auf den Weg geben: Erwarte nicht gleich einen riesigen, bombastisch klingenden Daseinszweck, der dir auf dem Silbertablett
serviert wird. Das Leben ist eine Reise, also auch eine Erkenntnisreise. Indem du
nachspürst, welche Dinge dir Spaß machen, in welchen Momenten du dich in deinem Leben „zu Hause" fühlst und warum, kannst du deine Aufgabe hier auf der
Welt erkunden – und sie kann sich auch verändern oder weiterentwickeln.

Während einer berufen ist, auf der Bühne zu stehen und viele Menschen damit zu
erreichen, musst du dich nicht kleiner fühlen, weil du lieber im Sessel sitzt und bei
einer Tasse Tee die Abenddämmerung genießt. Vielleicht ist dein Daseinszweck
Entschleunigung oder einfach nur zu üben, das Jetzt zu genießen. Vielleicht be-
geisterst du irgendwann einen anderen Menschen ebenso davon. Es spielt keine
Rolle, ob du Tausende oder nur drei mit deiner Botschaft erreichst, wichtig ist
doch, dass sie von Herzen kommt.

Was inspiriert dich?
Halte nicht nur Ausschau nach etwas ganz Großem, sondern lass das zu dir kommen, was genau Deins ist.

So hat jedes Talent, jede Vorliebe, selbst solche, die wir nicht als Talent oder Vorliebe sehen, seine Berechtigung. Noch leben wir zwar überwiegend in einer Gesellschaft, in der der Wert eines Menschen durch die Frage „Was machst du beruflich?" gemessen wird. Doch vieles ist im Wandel. Beurteile deine Lieblingstätigkeiten nicht nur danach, ob du damit in der äußeren Welt Geld und Anerkennung verdienst. Vielleicht bringt uns der Wandel eine neue Wertschätzung des bloßen Daseins. Eine Wertschätzung der kostenlosen Zuwendung zu unserer Familie, unseren Nachbarn. Eine Wertschätzung des Zeitaufwandes, den eine liebevolle Erziehung unserer Kinder erfordert, die aber kaum von außen honoriert wird. Aus Sicht des Löwen leisten Eltern, die sich um ihre Kinder kümmern, einen gesellschaftlichen Beitrag von großem Wert. Sie investieren Zeit, Liebe und Zuspruch in einen Menschen, der in der Welt von morgen ein Erwachsener sein wird und Entscheidungen treffen muss. Denn die Frage ist immer, auf welcher inneren Basis unsere Lebensentscheidungen stehen. Davon hängt unsere persönliche und auch gesellschaftliche Zukunft ab. Ein Kind, das Urvertrauen lernt, wird in einer schwierigen Lebensphase nicht so leicht den Glauben an das Licht verlieren. Eine Löwenreise ist dann weniger mühsam und schmerzhaft.

Eile langsam

Im Film „Smoke" (1995) von Paul Auster und Wayne Wang freundet sich der Autor Paul mit dem Hobbyfotografen Auggie an. Dieser zeigt ihm eines Abends einen Berg von Fotoalben, die über Jahre täglich exakt dieselbe Straßenkreuzung zeigen –

die Ecke Third Street und Seventh Avenue, immer um acht Uhr. Pauls Blick fliegt suchend über die vielen Fotos. Er fragt sich nach dem Sinn des Projekts, denn für ihn sehen alle gleich aus.

NICHTS ÜBERSTÜRZEN … Auggie fordert Paul auf, langsamer zu machen und sich die Fotos sorgfältiger anzuschauen. Denn selbst, wenn sie zunächst alle gleich scheinen, ist jedes Foto anders: Dieselbe Straßenkreuzung um dieselbe Uhrzeit jeden Tag, doch es sind immer wieder unterschiedliche Menschen zu sehen, mal viele, mal wenige, bei unterschiedlichem Wetter und wechselndem Licht. Keine zwei Fotos sind gleich – doch das findet Paul erst heraus, als er sich wirklich auf die Fotos einlässt.

Wenn wir Eindrücke mit Bedacht aufnehmen, zeigt sich der Geschmack des Lebens intensiver. Wir nehmen viel mehr Informationen auf und können sie auf uns wirken lassen, wir sind offener für Details. Dabei werden uns vielleicht Zusammenhänge klar, die wir vorher nicht gesehen haben. Durch ein wenig mehr Langsamkeit können wir Erkenntnisse gewinnen, die uns vielleicht eine andere Richtung einschlagen lassen.

Selbst wenn du in Aufbruchsstimmung bist und einen neuen Lebensabschnitt starten willst, lohnt sich ein wenig Geduld. Je achtsamer du die Schwingungen und Informationen um dich herum und in dir wahrnimmst, umso stimmiger wird der Weg sein, den du einschlägst. Jetzt zahlt sich aus, was du dir angeeignet hast: immer wieder zu orten, wo du gerade stehst, und dir den Raum zu geben, Neues in deinem eigenen Tempo entstehen zu lassen.

… UND NICHT VORSCHNELL WIEDER AUFGEBEN Umgekehrt kann es immer wieder einmal passieren, dass nicht alles auf Anhieb klappt. Du denkst dir: Ich bin jetzt so weit gekommen. Ich habe den Schmerz überstanden und viel innere Arbeit geleistet. Und nun will ich mein Leben ordnen, es neugestalten, und stehe schon wieder vor der nächsten „Baustelle". Vielleicht hast du das Gefühl, dass sich nichts tut. Vielleicht brachte das Bewerbungsgespräch eine Absage oder der Hauskauf scheiterte. Vielleicht fühlst du dich am neuen Wohnort immer noch nicht heimisch. Vielleicht scheint dir alles aussichtslos, obwohl du deinem Neustart freudig entgegengelaufen bist.

Doch verlier nicht den Mut und vor allem nicht den Glauben an deine Intuition, also an die Stimme, die aus deiner inneren Festung zu dir spricht. Du hattest einen Plan, bist deiner Intuition gefolgt, doch es hat (scheinbar) nichts gebracht? Sie hat dich nicht zum gewünschten Ergebnis geführt, sondern nur zu einer verschlossenen Tür, denkst du? Der Löwe sagt: Das bedeutet nicht, dass deine Intuition falsch ist, sondern denk daran, dass du den höheren Plan dahinter ja nicht kennst. Ein spontaner Impuls, etwas zu tun, kann in jedem Fall deinem Seelenplan entsprechen, selbst wenn du gleich danach noch nicht die gewünschten Resultate siehst. Vielleicht hast du einen wichtigen Schritt getan, bloß lässt das Ergebnis noch ein wenig auf sich warten. Der große Plan ist aus menschlicher Perspektive nicht so leicht zu erkennen. Kannst du dich entspannen und trotzdem darauf vertrauen, dass alles nach diesem Plan verläuft?

Frag den Löwen
Atme tief durch, schließ die Augen und wende dich nach innen, in deine Festung. Frag den Löwen, warum sich in diesem Moment scheinbar Hindernisse vor dir auftürmen. Wie erklärt er, dass die Dinge gerade offenbar stagnieren? Wie, rät er dir, damit umzugehen?

NUR NOCH SCHOKOLADE? „Wir nehmen's, wie es kommt" ist eine Redensart, und oft sagen kleine Sätze etwas Großes. Wir setzen die Segel auf Neustart, zeigen, dass wir bereit sind – und warten auf Antwort. Wir decken den Tisch mit frischem Geschirr, dann kann das Leben unsere Schalen und Gläser füllen. Was wird darin sein? In einer Kindergeschichte wünscht sich ein kleiner Junge von einem Zauberer, alles Essbare solle für ihn nur noch nach Schokolade

schmecken. Glücklich wähnt er sich damit am Ziel seiner Wünsche. Doch noch sehnlicher ist schnell sein Wunsch, den Zauber wieder rückgängig zu machen. Ihm wird klar: Schokolade schmeckt nur, wenn dazwischen auch mal was anderes kommt. Abwechslung entsteht, wenn wir das Leben in verschiedenen Geschmäckern erfahren. Es kann sich lohnend anfühlen, inmitten von Widrigkeiten über sich selbst hinauszuwachsen oder jemand anderem bei Not am Mann helfen zu können. Oder die eigene (Willens-)Kraft einzusetzen und zu erfahren, dass wir damit etwas Gutes erreichen. Nicht aufzugeben, sondern zuversichtlich zu bleiben – und am Ende belohnt zu werden. Diese Erfahrungen bringen mehr Salz in die Lebenssuppe als nur eitel Sonnenschein. Umgekehrt: Hätten wir die Garantie, dass uns von heute an nur noch wunderbare, paradiesische Dinge passieren und immer alles gelingt – würden wir unsere Erfolge dann noch schätzen? Hätten wir noch Lust, sie überhaupt zu durchleben? Vielleicht hilft diese Perspektive, weniger stark mit den Irrungen und Wirrungen des Lebens zu hadern.

Rückblick: Der Weg zum Erfolg
Fällt dir im Rückblick eine Situation in deinem Leben ein, die schwierig war, jedoch letzten Endes in einem Erfolg mündete? (Beispiele: eine schwierige Prüfungsvorbereitung, dafür jedoch eine Prüfung, bei der genau das Gelernte drankam. Oder: eine langwierige Haussuche, die du schon abbrechen wolltest, doch dann fand sich in letzter Minute das ideale Haus.)
Nun frage dich, wie sich der Erfolgsmoment angefühlt hätte, wenn die vorhergehende Durststrecke nicht gewesen wäre. Hättest du dich genauso gefreut? Hättest du den Erfolg genauso wertgeschätzt? Wenn du magst, notiere ein paar Gedanken dazu in dein Notizbuch.

Oft berichten Menschen, dass sie bereuen, Dinge, Umstände oder Beziehungen als selbstverständlich genommen zu haben – bis zu dem Moment, in dem sie ihnen abhandenkamen. Bekommen wir etwas ohne Anstrengung, ohne Gegenwert oder „Bezahlung", schätzen wir es oftmals weniger, als wenn uns klar ist, was wir dafür investiert haben. Begehrenswert wird, was nicht „wie Sand am Meer" auf der Straße liegt, was nicht „gratis" ist. Die Anstrengung auf dem Weg versüßt im Endeffekt den Erfolg: Die Schokolade schmeckt als Nachtisch – aber nicht mehr so sehr, wenn Vorspeise und Hauptmahlzeit auch schon aus Schokolade bestanden.

Erfüllung entsteht nicht allein im Ankommen, sondern im Wissen, dass wir den Weg zum Ziel gemeistert haben.

KOPF ODER ZAHL? Ähnlich wie Schokolade kann Rahm zum Verhängnis werden – nicht nur für die Bikini-Figur, sondern auch, wenn man eine Maus ist und hineinfällt. Doch es ist ebenfalls die Maus, die uns den Ausweg zeigt: Sie strampelt so lange, bis aus dem Rahm feste Schlagsahne geworden ist. So hat sie den Halt, um aus dem Glas zu springen. Strampeln muss nicht heißen, dass wir uns in blinder Aktion verlieren. Wir können ruhig bleiben, nach innen hören und erst handeln, wenn wir einen deutlichen Impuls spüren, weil wir uns, ob es nun gerade gut läuft oder nicht, vom Leben getragen fühlen.

Wir können demnach am Hindernis scheitern oder daraus ein Sprungbrett bauen. Doch was macht die Maus zur Erfolgsmaus, während eine andere vielleicht vorschnell das Handtuch wirft und nicht gestrampelt hätte? Die Erfolgsmaus hat höchstwahrscheinlich schon eine Löwenreise hinter sich, schmunzelt der Löwe. So kann sie aus ihrer inneren Festung Kraft ziehen. Sie kann auf die Gewissheit zurückgreifen, dass sie bereits andere Hindernisse gemeistert hat.

Die Autorin Loren Eiseley schrieb mit der Anekdote „The Star Thrower" eine Variation der Fabel von den Mäusen. Sie erzählt von einem Mann, der einen Strandspaziergang macht. Er bemerkt einen Jungen, der Seesterne aufhebt, um sie wieder ins Meer zu werfen, und ruft: „Das ist doch sinnlos. Der ganze Strand ist voller Seesterne, die kannst du nie alle zurück ins Meer werfen. Was du da tust, bringt überhaupt nichts!" Der Junge wirft jedoch unbeirrt den nächsten Seestern zurück. Dann dreht er sich zu dem Mann um und erwidert: „Ihm hier hat es etwas gebracht."

Mal läuft es im Leben gut und mal weniger gut. Immer wieder werden wir mit beiden Seiten der Lebensmünze konfrontiert. Und wahlweise reagieren wir mit Vertrauen – oder Hoffnungslosigkeit. Ist keine innere Festung vorhanden, wird es der Hoffnungslosigkeit leichter gelingen, uns einzunehmen. Dagegen vermag es oft schon ein kleiner Erfolg – wie ein Seestern, der wieder ins Meer findet – uns umzustimmen und wieder auf die Hoffnungsseite zu stupsen.

Schlagen wir die Zeitung auf, ist so oft ein Großteil der Nachrichten negativ. Eine Schlagzeile ist drastischer formuliert als die nächste, um unsere Aufmerksamkeit zu gewinnen. Und dennoch: Freuen wir uns nicht umso mehr, wenn ab und zu etwas Schönes berichtet wird? Eine herzerwärmende Nachricht kann Hoffnung und Energie für den ganzen Tag spenden.

Manchmal können wir den Kampf zweier Seiten sehr anschaulich in uns selbst beobachten, wenn wir beispielsweise eine Zeit lang in unserer Haltung zu einem Thema schwanken, bis wir innerlich angekommen sind. Dieses Experimentieren, das Noch-Nicht-Festlegen ist ein wichtiger Zwischenschritt, denn er führt uns auf eine authentischere, tragfähigere Ebene, als wenn wir uns einfach zwingen würden, einen inneren Schalter umzulegen. Wir brauchen vielleicht erst noch mehr Information, mehr innere Einkehr, mehr Erfahrungsberichte oder Argumente, bis wir Position beziehen können. Vielleicht brauchen wir auch Zeit, um zu erkennen, was sich für uns wahr anfühlt und was nicht, weil es in unserer Umgebung widersprüchliche Informationen gibt, die es erst zu sortieren gilt. Hier könnten wir uns zum Beispiel fragen: Woher stammen diese Informationen, worauf basieren sie? Auf einer liebevollen, einer rein verstandesmäßigen, einer gewinnorientierten oder vielleicht sogar einer gewaltvollen Haltung? Der Löwe sagt: Es ist auch gar nicht immer notwendig, sich auf eine bestimmte Meinung oder Position festzulegen. Manchmal hören wir: Du musst doch eine Meinung haben! Aber es ist auch legitim, in einer offenen Haltung zu sein. Dennoch können wir wach bleiben für Themen, die uns berühren. Wir können beobachten, wie sie auf uns wirken, was sie in uns bewirken, und daraufhin entscheiden, ob es an der Zeit ist, sich näher mit ihnen zu beschäftigen oder sie auf Distanz zu halten, um unsere Kraft und Energie zu schützen.

Finde immer wieder in deinen eigenen Rhythmus, denn er trägt dich zurück zu deiner inneren Festung. Und von dort aus hast du den besten Überblick.

Eine innere Festung, das passende Tempo und der eigene, kraftspendende Rhythmus erweisen sich wieder als Wegbegleiter zum Erfolg. Irgendwo zwischen Stillstand und ungeduldigem Überstürzen finden wir unseren eigenen, unbeirrten Bewegungsmodus, der uns genug Zeit lässt, um uns zu orientieren, und uns gleichzeitig mobilisiert, um nicht vor Hindernissen zu erstarren.

Was ist deine nächste Entscheidung?
Überlege, welche Entscheidung in den nächsten Tagen für dich ansteht. Nun schließ die Augen und lass dich tief in deine innere Festung sinken.

In welche Richtung geht dein inneres Gefühl?
Welche Informationen hast du?
Welche Aspekte musst du mit bedenken?
Welche Folgen könnten sich aus deiner Entscheidung ergeben?
Welche Entscheidung stimmt mit deinem Herzensweg überein?
Und nicht zuletzt: Was rät der Löwe dir?

Lerne, in Verbindung zu deiner inneren Festung immer achtsamere, authentischere Entscheidungen zu treffen, die deiner tiefsten inneren Wahrheit entsprechen.

Innere Festung – äußere Festung

Eine russische Matroschka-Puppe lächelt vielsagend, denn sie wahrt ein Geheimnis: Sie ist mehr, als der Betrachter sehen kann. Sie birgt in sich verschiedene Dimensionen, verschiedene Hüllen. Jede Holzpuppe beherbergt eine weitere, bis die Kernpuppe, die kleinste, zum Vorschein kommt.

Nach dem Matroschka-Prinzip fächern auch wir uns auf: Wir haben eine Innenwelt mit einer inneren Festung als Kern und einen äußerlich sichtbaren Körper als Hülle. Unser Zuhause ist eine weitere Hülle, die wiederum unseren Körper umgibt und beherbergt. Alle diese Ebenen verdienen es, dass wir uns um sie kümmern.

LIEBEVOLLE AUFMERKSAMKEIT FÜR DEN KÖRPER Oft haben wir es während der Aufregungen der Löwenreise ganz in den Hintergrund gestellt, uns um alltägliche Belange wie Kleidung, Make-up, einen Frisörtermin, regelmäßige Sporteinheiten oder die anstehende Arztvorsorge zu kümmern. Und dann kommt der Tag, an dem wir uns plötzlich wieder daran erinnern. Vielleicht stehen wir vor dem Kleiderschrank und stellen fest, dass außer alten Jeans nichts Brauchbares mehr da ist oder dass wir plötzlich Lust auf ganz andere Kleider haben.

Jetzt ist der perfekte Moment, sich der Fürsorge rund um unseren Körper liebevoll zu widmen. Neue Kleidung, vielleicht ein anderes Brillengestell, ein Tai-Chi-Kurs oder was du schon immer wolltest: Fasse es jetzt ins Auge.

Kleidung und Ernährung: Vielleicht ist jetzt ein guter Zeitpunkt, wieder einmal „Klar Schiff" zu machen?

Im selben Zug kannst du aussortieren, was du nicht mehr möchtest. Stell dir vor, wie schön es wäre, du stündest morgens vor einem frisch bestückten Kleiderschrank und fändest nur Teile vor, die sich gut kombinieren lassen und auf die du dich freust. Oder du stündest vor einem aufgeräumten, frisch gefüllten Badezimmerregal, brauchst keine Kontaktlinsen mehr zu suchen oder dich über leere Cremetiegel zu ärgern. Alles ist sortiert, in Ordnung gebracht und ausreichend vorhanden. Du fühlst dich „gut aufgestellt", bist vorbereitet für den Tag, der reibungslos starten kann.

Unterstützend kannst du einen Blick auf deine Ernährung werfen. Wolltest du dich nicht eigentlich seit Langem mal wieder gesünder ernähren? Jetzt wäre ein guter Zeitpunkt, um damit zu starten. Wenn du magst, iss testweise weniger Zucker, dafür mehr Frisches und trinke mehr – und beobachte, wie sich dein Körper damit fühlt.

LIEBEVOLLE AUFMERKSAMKEIT FÜR DEIN ZUHAUSE Unser Zuhause ist eine weitere Hülle der Matroschka. Es schenkt uns im Idealfall Geborgenheit und das Gefühl, bei uns selbst anzukommen. Ideal ist daher, wenn es auf unsere Bedürfnisse und unseren Geschmack abgestimmt ist. Während der Löwenreise hast du dich verändert. Was möchtest du in deinem Zuhause verändern? Wo möchtest du ausmisten, was brauchst du nicht mehr?

Im Buch „Der kleine Alltagsmagier" widmen wir uns ein ganzes Kapitel lang der Gestaltung eines gemütlichen Herzenszuhauses. Dein Zuhause spiegelt dich wider. Was siehst du – und gefällt dir, was du siehst? Es steht dir jederzeit frei, etwas zu verändern – und die Wirkung kann ganz erstaunlich sein.

Mach es dir gemütlich!
Unternimm einen Rundgang durch deine eigenen vier Wände. Wie fühlst du dich? Was gefällt dir besonders? Welche neuen Ideen kommen dir? Wo kannst du es mit wenig Aufwand noch gemütlicher machen?

Der Löwe stellt dir folgende Fragen:
Ist der Raum zu voll oder zu leer?
Ist er ordentlich? Was gehört gar nicht hierher? Was fehlt vielleicht?
Wie sind die Lichtverhältnisse?
Würden Kerzen oder eine neue Lampe Verbesserung bringen?
Ist die Wandfarbe optimal oder willst du sie verändern?
Gibt es Möbelstücke, die dich stören?
Hast du genug angenehme Sitzmöglichkeiten?
Befinden sich echte Herzensstücke in dem Raum, die dich erfreuen und dir etwas bedeuten?

Wünschst du dir Veränderung, ist vieles gar nicht mit so viel Arbeit verbunden, wie du vielleicht glaubst: Eine Wand lässt sich für kleines Geld streichen oder neu tapezieren. Ein Zimmer lässt sich allein mit neuen Textilien (Kissen, Decke, Bettwäsche) merklich umgestalten, wenn du an der „Hardware" nichts verändern möchtest. Ein ungemütlicher Raum kann schon durch passende Gardinen viel heimeliger werden. Doch die wichtigste Frage ist: Spiegelt dein Zuhause dich so wider, wie du dich siehst? Welchen Eindruck hättest du von deiner eigenen Wohnung, wenn du den oder die Bewohner nicht kennen würdest?
Möglicherweise denkst du auch über einen Umzug nach: Vielleicht ist jetzt die Zeit, um aktiv zu werden? Oder um dich endlich an deinem neuen Wohnort einzuleben und einzurichten? Egal, wo du gerade stehst: Pack das an, was sich stimmig anfühlt und was dir guttut, weil es dich einen Schritt weiter bringt.

Ermächtigung

Kennst du die Momente, wenn ein Teil von dir denkt: „Jetzt geht es für mich nochmal richtig los" und ein anderer Teil sofort dagegensetzt: „Das klappt ja eh nicht – gar nichts geht weiter"? Engelchen und Teufelchen sitzen links und rechts auf deinen Schultern und schnattern dir gleichzeitig in die Ohren, bis dir der Kopf brummt und du dich gar nicht mehr von der Stelle bewegen kannst. Das passiert uns nach der Löwenreise natürlich nicht mehr. Überhaupt nicht. Nie wieder. Falls doch (mal kurz ☺), braucht es dieses Mal vielleicht nur einen kleinen Anstupser, um wieder klarer zu sehen. Hilfreich ist es, wenn wir uns dann selbst ermutigen, indem wir uns an unsere Erfolge erinnern und wieder einmal ein bisschen Ballast abwerfen, wie beim Ballonfahren, wenn man wieder höher steigen will. Der Löwe sagt: Gib dir jetzt die Erlaubnis für eine großartige Zukunft – ermächtige dich dazu!

Notier dir deine Glücksmomente
Nimm eine Doppelseite in deinem Notizbuch, die du für Glücksmomente reservierst. Wann immer dir etwas Schönes widerfährt, etwas Gutes gelingt, sich ein Erfolg oder ein Glücksgefühl einstellen, schreib es dir auf. So hältst du den Nachweis in Händen, dass immer mehr gute Dinge in dein Leben finden und sich eine wunderbare Zukunft anbahnt.

UNTERWEGS MIT LEICHTEM GEPÄCK Wenn du eine Reise planst, packst du deinen Koffer. Du nimmst mit, was du brauchst. Was nimmst du in deine Zukunft mit?

Pack nicht so viel in deinen Koffer, dass du ihn kaum tragen kannst. Pack ihn lieber so, dass du beschwingt losgehen kannst und darin noch Platz für Neues hast. Wenn du in den Supermarkt gehst, nimmst du ja auch einen leeren Einkaufswagen mit und keinen, der schon vollgepackt ist.

Die Löwen-Übungen hier im Buch möchten immer wieder Impulse geben, Schweres, Altes und Belastendes loszulassen. Schritt für Schritt kann deine Sicht so freier werden.

Genieße das Gefühl, Raum für Neues zu haben – und zwei freie Hände, um es entgegenzunehmen.

Kennst du die Geschichte von der Frau und dem Berg? Die Frau wollte den Berg hochwandern, um oben die wunderschöne Aussicht zu genießen. Schon seit Langem freute sie sich auf die Wanderung, die sie sich als kleine Auszeit gönnen wollte. Sie wollte auch ihren persönlichen Wunschstein oben auf dem Berg ablegen, als kleines Ritual, um Gott in einer bestimmten Sache um Hilfe zu bitten. Nun begab es sich aber, dass sie ihren Mitmenschen davon erzählte, und diese baten sie daraufhin, auch für sie einen Wunschstein mit auf den Berg zu nehmen. Die Frau wollte sich als gefällig erweisen, schließlich war sie hilfsbereit. Doch schwer bepackt mit Taschen und einem Bollerwagen voller Steine, den sie hinter sich herziehen musste, wurde die Wanderung schlussendlich zu einer Tortur, und sie erreichte den Gipfel nicht.

Der Löwe rät: Wenn du dich bereit machst für einen Neustart, überlege mit Sorgfalt, was du mitnimmst und was nicht. Wähle aus, was du wirklich brauchst und was dich stärkt, und lass zurück, was dir Kraft raubt. Jedes einzelne noch so kleine Gewicht – ob mental oder materiell – kann entscheidend sein, wenn es darum geht, den Weg weiterzugehen oder kehrtzumachen.

Dein Körper bildet das Maß, in dem du dich belastet fühlst, recht zuverlässig ab. Daher ist er der ideale Startpunkt, wenn du zwischendurch Ballast abwerfen willst. Ein gelockerter Körper wirkt klärend auf dein Denken und deine Gefühle. So schaffst du eine gute Basis für weitere Sortierentscheidungen, meint der Löwe.

EINE PRISE RISIKOFREUDE In der „Unendlichen Geschichte" von Michael
Ende hält der Junge Bastian nach seinem „Weltenwechsel" ein Samenkorn in der
Hand. Ein neues Reich soll er daraus erschaffen, doch er fragt sich: Wie kann ich das?
Ich bin doch nur ich – weder groß noch stark und schon gar nicht mutig. Das
Schreiben des Romans wurde auch für Michael Ende zum Abenteuer: Immer wieder
musste er Pausen einlegen und auf innere Impulse und Ideen warten. Genau wie
seine Figur suchte der Autor nach dem Weg, wie Bastian sein Abenteuer Schritt für
Schritt bestehen könnte, um nicht nur selbst daran zu wachsen, sondern auch seinen
Mitmenschen etwas davon mitbringen zu können: neuen Lebensmut.
Im Film „Walter Mitty" nutzt der Filmheld beherzt seine Chance, als das Leben
ihm die Hand zu einem außergewöhnlichen Abenteuer reicht. Anstatt sich über
seinen neuen Chef und die folgende Kündigung zu ärgern, unternimmt er Reisen
und stellt seinen Mut auf die Probe – obwohl er vorher nie gereist ist. So schafft er
sich das Fundament für ein neues, viel freieres Leben.
Spüre in dich hinein: Wozu lädt das Leben dich jetzt ein – wenn du den Mut hast?

Was könntest du einfach mal wagen?
Notiere dir drei Impulse, wie du deine Komfortzone verlassen und was
du einfach mal wagen könntest.

Was für den einen unbedeutend scheint, ist für den anderen
das größte Abenteuer – und umgekehrt.

DER MAGISCHE SCHRITT Manchmal liegt die Magie im Detail und nicht in
den offensichtlichen großen Veränderungen. Manche Menschen fangen zum
Beispiel damit an, nachts um drei aufzustehen, obwohl sie ausschlafen könnten.
Sie lesen dann und meditieren. Sie genießen die Stille – und das verwandelt in
leisen Schritten ihr Leben. Andere sind seit Jahrzehnten nicht mehr verreist, weil
sie es sich nicht zutrauten. Doch eines Tages setzen sie sich in ein Flugzeug und das
verändert ihr komplettes Lebensgefühl. Wieder andere haben jahrelang ihr Haus
nicht mehr verlassen. Dann kommt der Tag, an dem sie den Schritt vor die Tür
wieder wagen, und ein Bann ist gebrochen. Ein solcher „magischer Schritt" ist im
buchstäblichen Sinn ein Türöffner: Wir werden zu Helden unseres eigenen Lebens,
weil wir unseren Lebensraum erweitern und Grenzen überwinden. Geh einmal
gedanklich durch deinen Alltag und entdecke, welche Details dir große
Erleichterung oder neuen Lebensmut bringen könnten.

Ein einziger Schritt kann eine
große Wirkung auf dein Leben haben –
welcher könnte das für dich sein?

DER OPTIMIST UND DER PESSIMIST Selbst wenn die Situation aussichtslos erscheint, belohnt uns das Leben meist, wenn wir uns trotzdem bemühen. Wir haben schließlich die Wahl: Wir können uns ängstigen, etwa weil uns bestimmte Umstände bedrohlich erscheinen, wir können uns stur stellen, weil wir einfach nicht nachgeben wollen, oder wir können – symbolisch oder buchstäblich – auch heute wieder ein Apfelbäumchen pflanzen. Einen Blumenstrauß auf den Tisch stellen, noch einen Versuch wagen, obwohl wir uns nicht den großen Sieg erhoffen, noch einmal Geduld aufbringen, obwohl wir alles hinschmeißen möchten. Aber vielleicht bringt dieser letzte Versuch zumindest einen kleinen Sieg? Oder er bringt uns Befreiung, weil wir sagen können: Ich habe alles versucht und mein Bestes gegeben. Bei alledem gilt immer dasselbe: Mit einer offenen, vertrauensvollen Haltung eröffnen sich neue Möglichkeiten oder Sichtweisen, die sich nicht zeigen würden, wenn wir sofort resignierten.

Entsprechend können wir uns unsere Lebensgeschichte auf zwei völlig unterschiedliche Weisen erzählen. Nehmen wir an, im Raum stehen zwei Stühle. Auf dem einen sitzt unser innerer Optimist, auf dem anderen der Anteil von uns, der an allem das Negative sieht. Je nachdem, auf welchem Stuhl wir also sitzen, kommen völlig unterschiedliche Versionen ein und desselben Lebens zu Gehör, die beide wahr sind. Während der Optimist in höchsten Tönen davon schwärmt, was er Schönes erlebt hat und wie viel Glück er hatte, wie viele nette Menschen er kennt und wie sehr er das Leben genießt, beschwert sich der Pessimist über all die Hürden, die ihm in den Weg gelegt wurden. Er hatte es nicht leicht, denn gerade, als eine Krise bewältigt war, kam schon die nächste auf ihn zu. Geholfen hat ihm eigentlich auch keiner, und er findet sowieso, dass sein Leben ungleich schwerer ist als das seiner Mitmenschen. Kommen dir beide Versionen bekannt vor? Meist sitzen wir nicht hundertprozentig auf dem einen oder anderen Stuhl, sondern irgendwo dazwischen. Wir wechseln mal mehr auf die eine oder die andere Seite. Doch das Bild der beiden Stühle zeigt uns, dass wir jederzeit frei sind, aufzustehen und die Perspektive zu wechseln. Die Zwei-Stühle-Übung lässt sich auch wunderbar für anstehende Entscheidungen hernehmen, denn sie bringt unseren tatsächlichen Standpunkt ans Licht, der uns vorher vielleicht noch nicht so bewusst war. Vielleicht fallen uns auf dem Pessimis-

ten-Stuhl kaum zwei Argumente ein, jedoch sprudelt unsere Begeisterung auf dem Optimisten-Stuhl nur so aus uns heraus. Machen wir die Übung zu zweit, kann der beobachtende Partner auch Unterschiede in der Mimik, im Ton und in der Körpersprache entdecken. Ist die Entscheidung knifflig, können wir Optimist und Pessimist ruhig miteinander diskutieren lassen. Doch nicht nur Entscheidungen, auch unsere Sichtweisen auf bestimmte Umstände werden durch die Zwei-Stühle-Übung transparent.

Zwei-Stühle-Übung

Stell zwei Stühle in den Raum. Der eine ist der Optimisten-Stuhl, der andere der Stuhl des Pessimisten. Wenn du magst, kannst du die Stühle mit Zetteln beschriften. Versetz dich nun in eine Situation, in der du dich unsicher fühlst, oder denke an eine Entscheidung, die zu treffen ist, oder bestimmte Umstände, über die du derzeit grübelst. Setz dich nacheinander auf die beiden Stühle und lass den Pessimisten und den Optimisten zu Wort kommen. Wenn nötig, gib dir auf beiden Stühlen ein Zeitlimit. Achte auf das Gefühl, das sich dabei jeweils einstellt. Was sind deine Aha-Momente?

WAS WAREN DEINE MEILENSTEINE? Etwas zu riskieren und an uns selbst zu glauben, gelingt leichter, wenn wir uns unsere Erfolge vor Augen halten. Notiere deine persönlichen „Meilensteine" in dein Notizbuch: Welche großen Träume durften bereits für dich wahr werden? Womit wurdest du vom Leben beschenkt, und was hast du alles erreicht? Geh die verschiedenen Lebensbereiche durch: Partnerschaft, Familie und Freundeskreis, Reisen, Ausbildung und Beruf, Haus oder Wohnung – weitere persönliche Projekte … Oft hast du viel Zeit, Mut und Energie investiert, hast an schwierigen Stellen durchgehalten und bist zuversichtlich geblieben. Du hast an dich und das Leben geglaubt – und dafür wurdest du belohnt. Mach es dir noch einmal bewusst. So schöpfst du Kraft und Mut für die Zukunft.

Bei uns zählt eine Qualifikation oft erst dann, wenn wir ein Zertifikat vorweisen können. Ein Leben lang sammeln wir diese Zertifikate, hängen sie an die Wand oder heften sie ab. Wie sinnvoll das ist, darüber lässt sich streiten, doch so ein Zertifikat macht uns in jedem Fall sichtbar, dass wir etwas geleistet, gemeistert, absolviert haben, dass wir etwas erfolgreich zu Ende gebracht haben, was nun gewürdigt wird. Also stell dir nun für die Meilensteine deines Lebens selbst die Urkunden aus! Und häng sie ruhig eine Zeit lang auf, damit du siehst, wie viel du in deinem Leben schon bewältigt hast.

Stell dir deine Urkunden aus!
Auf der folgenden Seite findest du einen Vordruck, den du dir beliebig oft kopieren kannst. Stell dir so viele Urkunden aus, wie du magst! Häng sie (nur für die Übung oder ruhig auch länger) an eine Wand und trink dann feierlich ein Glas auf dich. Wie fühlst du dich? Kannst du dir aufgrund deiner bisherigen Erfolge die Selbstermächtigung erteilen, in eine wunderbare, richtig gute Zukunft zu starten?

URKUNDE

NAME:

JAHR:

GESCHAFFT!

HIERMIT WIRD BESTÄTIGT,

DASS (NAME) . . . .

FOLGENDEN MEILENSTEIN GEMEISTERT HAT:

. . . .

. . . .

. . . .

. . . .

. . . .

Herzlichen Glückwunsch!

Was willst du?

Geschichten aus der Kindheit prägen unser Lebensgefühl tief. Kennst du noch das Bilderbuch „Pony, Bär und Apfelbaum" von Sigrid Heuck? Der Plot ist schlicht und die Idylle zielt mitten ins Herz: Ein Stück Erde, das sich Zuhause nennt, und ein Garten mit Apfelbaum. Als Kinder lesen wir nicht einfach nur eine Geschichte, sondern wir beginnen mit der ersten Buchseite eine viel größere Reise: die Suche nach unserem Platz in der Welt. So einen Garten mit Apfelbaum wünschen wir uns auch! Und dann tragen wir dieses starke Bild in unserem Herzen, selbst wenn wir längst erwachsen sind. Oder doch lieber Feuerwehrmann sein? Kindergeschichten sind unser Start, um für uns Möglichkeiten und Wunschbilder zu erproben, die wir fortan anstreben. Und damit verbunden ist auch, wie wir uns in der Welt fühlen wollen – unser innerstes Lebensgefühl.

Kannst du zu deinem wieder Kontakt aufnehmen? Es sagt dir deutlich, wer du eigentlich bist, in welchem Umfeld und Lebensraum du dich wirklich zu Hause fühlst, wie du dich kleiden, ernähren, bewegen solltest und vieles mehr. Es sagt dir zum Beispiel, ob du ein Land- oder ein Stadtmensch bist, ein Meer- oder ein Bergmensch, ein Vegetarier oder ein Fleischesser, ein Gelehrter oder ein Naturmensch, ein Büroarbeiter, Künstler oder Handwerker. Das Lebensgefühl ist verbunden mit Bildern, Gerüchen, Farben und es beschert dir Entspannung, Glück und Frieden: ein Gefühl des Angekommenseins. Es deckt sich mit deiner inneren Wahrheit und deinem eigenen Rhythmus, es lässt sich höchstwahrscheinlich vereinbaren mit den Menschen, die du liebst, und mit deinen finanziellen Möglichkeiten. Und selbst, wenn es dir in deiner jetzigen Situation unmöglich erscheint, noch kehrtzumachen und dorthin zurückzufinden, empfiehlt dir der Löwe, dich in Bewegung zu setzen. Ruhig in kleinen Schritten, dennoch führt dich jeder zurück zu dir selbst.

WOHIN KÖNNTE DEIN WEG JETZT FÜHREN? Du brauchst dich von deinem Lebensgefühl nicht überfordern zu lassen. Hast du es (wieder)gefunden, dann genieß allein die Erkenntnis! Sie wird dich von selbst lenken, du brauchst dich nicht anzustrengen. Es genügt der Wille, die Entscheidung, dass du die Richtung festlegst: Dorthin soll die Reise gehen. Der richtige Kurs ist wichtiger als die Zeitspanne, die es dauern wird, denn die Freude daran, auf dem richtigen Weg zu sein, hat bereits dieselbe Energie wie das Ziel selbst.

Angenommen, du ernährst dich seit Jahren ungesund und möchtest das gerne ändern. Du erinnerst dich jedes Mal schmerzlich an dieses vage Ziel, während du eine neue Tafel Schokolade öffnest. Doch dann packt es dich und du kannst gar nicht genau erklären, warum. Du stellst dir ein paar Ernährungsregeln auf, an die du dich halten willst. Und du tust es einfach und denkst nicht weiter darüber nach. Deine Gedanken kreisen nicht einmal mehr um das Thema Ernährung. Du weißt einfach: Jetzt bin ich auf dem richtigen Weg zu meinem Ziel. Das reicht, um dich gut zu fühlen.

PRÜFE, OB DIE RICHTUNG STIMMT Peter und Jonas sind viel beschäftigte Männer. Peter ist Personalchef eines großen Konzerns. Er arbeitet oft 14 Stunden am Tag und nutzt das Wochenende, um Liegengebliebenes aufzuarbeiten. Die Arbeit füllt also einen Großteil seines Lebens aus, dennoch hat er keine innere Verbindung zu seinem Job. Jonas ist Freiberufler und nebenbei renoviert er einen Resthof, den er gekauft hat und nun umbauen will. Er arbeitet ebenfalls mehr als 14 Stunden, manchmal bis spät in die Nacht, noch dazu schwanken seine Finanzen. Allerdings weiß er: Mit der Renovierung und der Freiberuflichkeit bahnt er sich den Weg in ein Leben, das er sich immer gewünscht hat.

Beide haben ein großes Arbeitspensum, doch nur einer von beiden fühlt deutlich, dass die Richtung stimmt. Jonas ist seltener ausgelaugt oder kaputt, während Peter ständig Angst hat, dass seine Magenschmerzen doch ein Hinweis auf etwas Schlimmeres sein könnten.

Stimmt die Richtung nicht, wiegt dieselbe Anstrengung einige Tonnen mehr, und die Last macht dich krank.

ÖFFNE DEINEN BLICK Nie war es so einfach, sich Inspiration für mögliche Lebensentwürfe zu holen. In allen Medien finden wir Berichte über Menschen, die wieder selbstbestimmter leben. Minimalismus wird immer beliebter, „Tiny Homes" haben Hochkonjunktur und ermöglichen ihren Bewohnern oft sogar, sich mit neuartiger Strom- und Wärmeerzeugung wie Solarzellen unabhängig vom Versorgungsnetz zu machen. Einschränkungen und Konventionen stehen immer mehr auf dem Prüfstand. Es fühlt sich an wie ein nahender Umbruch, der unsere Konzepte von Wohnen und Leben, wie wir sie gewohnt waren, sprengen wird. Bei alledem ahnen wir, dass sich auch für uns viel mehr Möglichkeiten bieten könnten als angenommen. Warum öffnen wir also nicht unser Herz und lassen uns wieder einmal inspirieren, gerade in einer Zeit des Neubeginns?

Schau dir Lebensentwürfe aller Art an und sammle, was dir gefällt, auch wenn dein Verstand sagt, das ist verrückt. Nimm dir die Freiheit, erst einmal alles auf eine Liste zu setzen, auf der du notierst, was dein Herz zum Jubeln bringt, was dich entzückt und begeistert. Öffne dich für ungeahnte Möglichkeiten und geh auf Inspirationssuche!

Löwenpower-Interview
Der Löwe möchte mit dir ein Löwenpower-Impuls-Interview zu deinen Wünschen und Sehnsüchten führen. Antworte auf jede Frage, was dir unmittelbar in den Sinn kommt, und notiere es. Diese Impulsantworten sind oft die treffendsten, da sie von innen kommen, noch bevor der Verstand eingreifen kann. Viel Spaß!

Wenn du etwas für immer festhalten könntest, was wäre das?

Wenn du in die Zeit reisen könntest, in welche würdest du dich versetzen?

Welche Filme magst du am liebsten?

Welche Stimmungen findest du magisch?

Bist du lieber zu Hause oder auf Abenteuertour?

Deine Lieblingslandschaft: Stadt, Land, Meer, Berge ...?

In welcher Kultur würdest du gerne leben?

Überlege: Bist du im Herzen ein Lehrer oder ein Schüler?

Bist du im Herzen ein Handwerker oder ein Intellektueller?

Bist du ein Sprinter oder ein Spaziergänger?

Angenommen, du darfst eine Stunde deines bisherigen Lebens noch einmal erleben. Welche wählst du?

Angenommen, dein Herz kann genau jetzt für fünf Minuten sprechen. Was teilt es dir mit?

Wozu fühlst du dich berufen?

Dein Körper kann genau jetzt für fünf Minuten sprechen. Was teilt er dir mit?

Welche Farbe(n) hat dein Leben gerade – und welche möchtest du ihm geben?

Du wachst morgens auf. Woran merkst du, dass du dich auf deinem Herzensweg befindest und deine Wünsche sich erfüllt haben?

Wenn du einem Menschen, der auf dieser Welt gelebt hat oder noch lebt, für eine Stunde lang begegnen, dich mit ihm austauschen könntest – wer wäre das und warum?

Mit wem aus deiner Familie oder von deinen Vorfahren fühlst du dich am meisten verbunden und warum?

Was möchtest du in diesem Leben unbedingt noch erleben?

Angenommen, du solltest deiner Zukunft eine Überschrift geben. Wie würde sie lauten?

Herzlichen Glückwunsch, du hast den Löwenpower-Fragebogen geschafft! Hat er dir geholfen, ein paar deiner Wünsche zu entdecken oder zu konkretisieren? Vielleicht hast du auch eine bestimmte Richtung oder einen roten Faden erkannt? Wenn du magst, notiere einige deiner Erkenntnisse in dein Notizbuch.

NUN BRING DEINE WÜNSCHE AUF DEN PUNKT Wenn du dich beispielsweise als Lehrer fühlst und nicht als Schüler, kann das ein Hinweis sein, dass du nicht die zwanzigste Fortbildung oder das fünfzehnte Seminar buchen solltest, sondern dass es vielleicht an der Zeit ist, eigene Kurse anzubieten. Wenn du die Nachmittags- oder Abenddämmerung als magische Stimmung empfindest, dann beginne, sie nun täglich bewusster zu zelebrieren, anstatt durchzuarbeiten und festzustellen, dass sie schon wieder vorbei ist. Wenn du gern auf eine amerikanische Farm im 18. Jahrhundert reisen würdest oder dir entsprechende Filme und Serien gefallen, könntest du dich davon in deiner Wohnungseinrichtung inspirieren lassen. Wenn du im Herzen Handwerker bist, dann wäre es schade, wenn du zwar ein Büro mit vielen Büchern, aber keine Werkstatt zur Verfügung hast, wo du mit Holz arbeiten und oder etwas bauen kannst. Erschließe dir schrittweise die Voraussetzungen, die du brauchst, auch wenn vielleicht noch ein langer Weg vor dir liegt. Wichtig ist der erste Schritt in die richtige Richtung.

DIE RAUNÄCHTE – INTUITIVE ZUKUNFTSSCHAU Wenn du gern orakelst, wohin der Weg gehen könnte und was dir die Zukunft bringen möchte, eignen sich dafür die Raunächte am Jahresende: Der alte Volksglaube besagt, die Schleier zur „Anderswelt" seien in dieser Zeit besonders dünn. Ab der Wintersonnenwende (meist am 21.12., manchmal auch 22.12.), stimmen wir uns auf die Raunächte ein – und ab dem 24.12. beginnen die Orakelnächte. Das bedeutet: Die Nacht vom 24.12. auf den 25.12. sowie der Tag des 25.12. stehen für den Januar des nächsten Jahres. Was du in dieser Zeit fühlst, erlebst oder auch träumst, kann zukunftsweisend sein. Die nächste Nacht vom 25.12. auf den 26.12. inklusive des 26.12. tagsüber steht für den Februar, die Nacht und der Tag danach für März, bis wir mit der Nacht vom 04.01. auf den 05.01. wieder bei Dezember des nächsten Jahres ankommen. Die dann folgende Dreikönigsnacht ist zwar keine Orakelnacht mehr, jedoch gilt sie als „Nacht der Wunder": Ein geeigneter Zeitpunkt, um für das kommende Jahr Wünsche zu formulieren. Träume in dieser Nacht könnten dir verraten, welches Thema möglicherweise im neuen Jahr für dich im Vordergrund steht. Es ist sinnvoll, in dieser Zeit ein Tagebuch zu führen, um deine Erkenntnisse und Vorahnungen festzuhalten, damit du sie während des nun folgenden Jahres nachlesen und abgleichen kannst. „Die Raunächte sind eine Phase der inneren Einkehr, der Reflexion über sich selbst, den ureigenen Platz im Leben, aber auch das irdische Dasein an sich", schreibt Alexa Szeli in ihrem Buch „Der alte Pfad und die Raunächte". Ein wunderbarer Zeitraum also für das Loslassen des Alten, für Ruhe und Innenschau sowie für Neuausrichtung. Bei genauer Betrachtung finden wir in den Raunächten das Grundmuster der Löwenreise angelegt.

Manifestation

Jede Idee, die in deiner inneren Festung geboren wird, die dort geprüft und für stimmig befunden wird, hat sich eine Eintrittskarte in die physische Welt gesichert. Nichts wird sich im Außen zeigen, das nicht in irgendeiner Form in deinem Inneren zu finden ist. Deine innere Festung hat wahre Zauberkräfte im Hinblick darauf, was du in deinen äußeren Lebensraum bringen willst. Sie ist ein magisches Manifestationslabor.

Du kannst experimentieren und Erfahrungen sammeln, was sich daraufhin im Außen bei dir zeigt. Jeder Zauberer muss schließlich auch erst Erfahrungen sammeln. Die ersten selbst gebrauten Zaubertränke erzielen vielleicht zunächst andere Ergebnisse als gedacht. Harry Potter brauchte viele Anläufe, ehe er durch Schwingen seines Zauberstabs einen echten Patronus-Schutzzauber schaffte. Das Geheimnis liegt in der konzentrierten Hinwendung nach innen und in intensiver Vorstellungskraft. Durch das Setzen eines machtvollen inneren Impulses kann sich im Außen der Patronus, also das Schutzwesen, zeigen. Alles nur Märchen? Keineswegs, meint der Löwe.

> Deine innere Festung ist ein magisches Labor:
> Eine Idee, die dort geboren wird, hat das Potenzial,
> sich zu manifestieren.

SIEHST DU DICH IN DER WUNSCHERFÜLLUNG? Wenn du beginnst zu erspüren, wo es dich hinzieht, fragst du vielleicht: Was kann ich jetzt tun, um diesen Wunsch, diese Umstände, diesen Job, dieses Lebensgefühl zu erreichen? Der amerikanische Autor Gregg Braden hält die eigene Kraft, die Erfüllung eines Wunsches zu erreichen, für immens groß. Was uns auf dem Weg dahin ausbremst, ist aus seiner Sicht, dass wir nicht fokussiert bleiben: Wir lassen uns zu schnell von

Zweifeln oder kleinen Hürden wieder abbringen, anstatt am Ball zu bleiben. Wichtig ist seiner Ansicht nach, dass wir an die Wahrscheinlichkeit der Wunscherfüllung glauben und uns immer wieder in die gewünschte Situation hineinversetzen, uns in sie hineinfühlen, sie vorerleben. Etwa so, als würden wir unsere Zukunft als Vorschlag oder Entwurf auf eine noch leere Buchseite schreiben. Wenn dieser Entwurf unserem Herzensweg entspricht – und niemand anderem schadet – warum sollte er sich nicht erfüllen?

DANKBARKEIT ZIEHT DEN WUNSCH IN DEIN LEBEN Der amerikanische Neurowissenschaftler Joe Dispenza fand heraus, dass Dankbarkeit die Manifestation von Wünschen beschleunigen kann. Er empfiehlt daher, das Visualisieren von Wünschen mit einem Dankbarkeitsgefühl zu verbinden. Wir erleben die Wunscherfüllung also rückwirkend: Alles Notwendige zu dieser Erfüllung ist in unserer Vorstellung schon abgelaufen und der Zielzustand ist erreicht. So entsteht ein Gefühl des „Schon-Bekommen-Habens", mit dem wir unsere Wunschzukunft zu uns heranziehen und damit auch günstige Fügungen, Zufälle und Wegweiser. Dieses Gefühl lässt sich auch wunderbar als Basis für die Abfrage am Resonanzbarometer verwenden. Bin ich in der Schwingung des Schon-Bekommen-Habens (hohe Schwingung) oder in der des Nicht-Daran-Glaubens (niedrige Schwingung)? Im zweiten Fall bringe dich durch Dankbarkeit wieder in den günstigen Schwingungsbereich. Sieh dich innerlich in deinem Wunschszenario und fühle die Begeisterung, Freude und Erleichterung.

AUF DIE HALTUNG KOMMT ES AN Dankbarkeit kann also eine wunderbare Manifestationshilfe sein, doch wir können noch einen Schritt weiter gehen. Stell dir vor, du bist eine Mutter und hast ein ständig nörgelndes, bettelndes Kind, das unbedingt ein bestimmtes Spielzeug haben möchte. Das Kind sieht dich als ultimativen Wunscherfüller und macht sein Glück einzig davon abhängig, ob es von dir genau dieses Spielzeug bekommt. Ohne Spielzeug fühlt es sich im Mangel, da ihm etwas fehlt, und es quengelt unaufhörlich, dass das Spielzeug hermuss. Das

geht so weit, dass es sich gar nicht mehr davon ablenken oder für etwas anderes begeistern lässt.

Gehen wir zu Szenario zwei: Stell dir vor, du hast ein Kind, das stundenlang völlig vertieft mit seinen Figuren und Bausteinen spielt. Bei dem Anblick und der Hingabe des Kindes bist du im Herzen berührt und kannst spüren, wie die Begeisterung über das schöne Spiel selbst auf dich übergeht. Nun äußert das Kind nebenbei: „Ach, wäre es schön, wenn ich noch mehr Bausteine hätte, dann könnte ich dem Haus noch einen Garten bauen." Und dann ist es wieder in sein Spiel vertieft. Was tust du? Eigentlich wolltest du arbeiten, doch schon sitzt du am Computer und suchst online nach geeigneten Bausteinen. Dabei hat das Kind nicht einmal danach gefragt.

Hier ist es nicht direkt Dankbarkeit, die magnetisch wirkt, sondern die Hingabe. Hingabe geht noch einen Schritt weiter, denn sie beinhaltet bereits die Dankbarkeit für die Dinge und fügt den Genuss hinzu, sie auch zu benutzen oder sich mit ihnen zu umgeben. Tust du etwas mit Hingabe, scheint sich wie von selbst ein Tor zu öffnen, durch das dir alles zufließt, was du brauchst. Renovierst du mit Hingabe dein Haus, erscheinen vielleicht wie von selbst die richtigen Helfer, oder das Baumaterial präsentiert sich dir zum passenden Preis, noch ehe du danach gefragt hast. Malst du mit Hingabe ein Bild, hast du es vielleicht schon verkauft, ehe es fertig ist.

Die Geschichte von Tom Sawyer, der den Zaun streichen musste, ging wohl um die Welt: Mark Twain erzählt uns von dem Jungen, der absolut keine Lust hat, den Zaun zu streichen, und es gelingt ihm zunächst auch nicht, jemand anderen zu überreden, es ihm abzunehmen, nicht einmal gegen Bezahlung. Die anderen Kinder spielen lieber und vertreiben sich die Zeit, bis Tom seine Taktik ändert: Er streicht den Zaun mit Hingabe. Er freut sich an jedem Pinselstrich und ist richtig vertieft in seine Tätigkeit. Da wendet sich das Blatt: Die anderen Kinder reihen sich ein, um auch einmal streichen zu dürfen, und Tom, der klug ist, verlangt dafür sogar einen Gegenwert. Am Ende des Tages ist nicht nur der Zaun fertig gestrichen, sondern Tom ist stolzer Besitzer einer Reihe von kleinen Schätzen, die nun ihm gehören – dafür, dass die anderen seine Arbeit übernommen haben und er in der Sonne sitzen konnte. Hätte Tom den Zaun unzufrieden und schlecht gelaunt

gestrichen, wäre der Nachmittag anders verlaufen. Das Gegenteil von Hingabe –
Unzufriedenheit – wirkt demnach gegen unsere Wünsche.

> *Fokussiere deine Energie nicht auf das Bekämpfen des Alten,
> sondern auf das Erschaffen des Neuen.*
>
> NACH SOKRATES

> *Erschaffe das Neue mit Hingabe.*
>
> DER LÖWE

Was ist für dich Hingabe?
Mach ein kleines Brainstorming und notiere in dein Notizbuch: Was ist
für dich Hingabe? Was macht sie aus? Was kann sie fördern und durch
welche Faktoren wird sie unterbrochen?
Versuche, heute mindestens eine Tätigkeit mit Hingabe auszuführen,
und beobachte, wie du dich fühlst und was dir vielleicht auffällt.

HOMMAGE AN DIE HINGABE In der Hingabe lassen wir uns geradezu in
eine Tätigkeit hineinsinken. Wir sind absorbiert – eine Qualität, die wir fast
verlernt haben. Unser Alltag verlangt, dass wir vieles gleichzeitig tun: Wir kochen
und telefonieren nebenbei, kümmern uns um das Kind und schreiben noch schnell
die E-Mail an den Kollegen. Die Bügelwäsche wartet, es wird ungeduldig auf die
Uhr gesehen, weil auf dem Weg zum Elternabend noch eingekauft werden muss.
Unser Tun ist oft hektisch, wir wirken gestresst und fühlen uns auch so.
Dagegen ist Hingabe ein Tun ohne Ablenkung, was uns eine gewisse Sicherheit

und Geborgenheit vermittelt: Wir müssen nicht fürchten, dass wir gleich wieder herausgerissen werden oder hetzen müssen. Wir dürfen einfach nur da sein. Jeder ist schön, wenn er nur etwas mit Hingabe tut, sagt das Sprichwort. Hingabe hat etwas Sinnliches und ist mit Muße und Zeit verbunden. In keinem Rosamunde-Pilcher-Film hat die Dame des Hauses die Arbeit in ihrem englischen Garten mit der Stoppuhr erledigt und es beim Rosenschneiden supereilig gehabt. Eine Chopin-Nocturne wird niemals ihren zauberhaften Klang entfalten, wenn sie hektisch gespielt wird. Ein Hefeteig, der keine Zeit hatte, aufzugehen, schmeckt hinterher wie ein Stein. Der Löwe rät uns, an der Hingabe festzuhalten. Sie ist eine aussterbende Haltung – und zugleich eine heilende Lebensqualität. Sie schenkt uns Sicherheit, Geborgenheit, Genuss und lässt uns tief ins Leben eintauchen.

Hingabe stellt uns automatisch in unseren eigenzeitlichen Rhythmus – daher ist es so wichtig, ihr Platz in unserem Alltag einzuräumen.

Aus dieser Perspektive können wir schon unseren Kindern ein großes Geschenk machen, nämlich ihre Eigenzeitlichkeit zu würdigen, indem wir sie so oft wie möglich in der Hingabe zu ihrem Spiel belassen. Denn so können sie ihre Verbundenheit zum Leben ausleben und stärken.

STAY „TUNED" Der Münchner Autor und Coach Pierre Franckh weist immer wieder darauf hin, dass wir entsprechend unseres Resonanzfeldes Dinge in unser Leben ziehen. Indem wir uns fragen, was wir anziehen wollen, können wir unseren Gefühlszustand daran anpassen, also ein Lebensgefühl anstreben und halten, als ob wir das Gewünschte schon hätten. Dafür ist es wichtig, dass wir uns regelmäßig oder besser so oft wie möglich selbst daran erinnern, wieder in diesen Gefühlszustand zu gelangen. Denn gerade anfangs wird es eher so sein, dass wir immer wieder herausfallen. Die Beobachtung unseres Resonanzfeldes ist also ein Hilfsmittel, um, wie Gregg Braden empfiehlt, fokussiert zu bleiben. Das passt doch, meint der Löwe und hat dir ein „Resonanzbarometer" aufgezeichnet. Kopiere es und hänge es an einer oder mehreren Stellen in deiner Wohnung auf, an denen du oft vorbeikommst. So kannst du immer wieder einmal kurz dein Resonanzfeld „checken". Falls du herausgefallen bist, kannst du dich rasch wieder in deine Wunschenergie bringen, indem du dich fühlst, als sei der Wunsch schon erfüllt. Oder noch einfacher: indem du dein Tun wieder mit (mehr) Hingabe erfüllst. Denn im hingebungsvollen Zustand bist du sozusagen ein Magnet für alles, was dir Hingebung bringt. Praktisch, oder?

Resonanz-Barometer
Wo befindet sich meine Schwingung gerade?

hoch
(= in der Hingabe, zufrieden)

mittel

niedrig
(= aus der Hingabe gefallen, unzufrieden)

Befreiung

Wenn wir behutsam einen Neuanfang gestalten, sind zwei Dinge wichtig: Befreiung und Grenzen zu setzen. Behutsam heißt, dass wir mit unserer inneren Festung in Verbindung bleiben. Wir haben diese Verbindung entdeckt und hergestellt und nun gilt es, sie aufrechtzuerhalten. Das bedeutet, dass wir in unserem Alltag, bei den Erfahrungen, die wir machen, uns selbst mitnehmen und nicht mehr zurücklassen oder ausschalten. Wir agieren nicht nur im Außen, sondern spüren gleichzeitig in uns hinein, was unser Gefühl zu dem Erlebten sagt. Dann brauchen wir aber für alles etwas mehr Zeit als früher. Wir reagieren nicht mehr sofort. Wir treffen zum Beispiel wichtige Entscheidungen nicht mehr unüberlegt und auf die Schnelle. Wir müssen nicht jede Mail binnen Minuten beantworten. Es gibt mehr Möglichkeiten als die üblichen, die wir ganz automatisch vor Augen haben. Es gibt mehr Wege zu reagieren, als immer gleich Ja zu sagen, obwohl wir noch gar nicht wissen, ob wir tatsächlich Ja meinen.

Hast du schon herausgefunden, ob du wirklich Ja meinst?

BEFREIUNG HEISST AUCH GRENZEN SETZEN Gestatten wir es anderen Menschen und äußeren Umständen, in unserem Leben Regie zu führen und uns den Rahmen vorzugeben, in dem wir uns bewegen sollen, kann sich unsere Löwenkraft nicht entfalten und der Zauber des Neubeginns kann nichts ausrichten. Daher ist es wichtig, Grenzen zu setzen. Wir tragen die Verantwortung dafür, zuallererst unsere innere Zuflucht, unsere innere Ruhe vor Störungen und Angriffen zu schützen. Das braucht anfangs Übung, denn es fühlt sich vielleicht seltsam an, auch mal Nein zu sagen. Oder wir sind verwirrt, weil uns bewusst wird, dass wir wieder einmal nicht bemerkt haben, wie unsere Grenzen übertreten wurden. Wir sind vielleicht unsicher, ob wir überhaupt Nein sagen dürfen. Es gibt kein Patentrezept, es gibt nur Ursache und Wirkung, sagt der Löwe. Wenn du Ja sagst, hat dies andere Konsequenzen, als wenn du Nein sagst – für deinen inneren Frieden, die Beziehung zu deinen Mitmenschen und deine Zeitplanung. Niemand außer dir muss mit diesen Konsequenzen leben.

Ein unbedachtes Ja kann dich viele glückliche Jahre kosten.

Mach es dir zur Gewohnheit, Entscheidungen nur noch in Verbindung mit deiner inneren Festung zu treffen. So kommst du ganz automatisch auf deinen Herzensweg, denn du blockst unnötige Ablenkungen ab.

FREIWILLIG – ODER GAR NICHT Wenn wir erkennen, dass wir nicht alles tun müssen, was von uns gefordert wird, können wir dies auch anderen zugestehen. Dann verstehen wir, vielleicht auch erst im Rückblick, dass ein Nein nicht immer gleich ein Angriff ist. Im Gegenteil: Es kann eine wertvolle und mutige Geste sein im Hinblick auf das Wohl aller. Wir bleiben uns selbst treu und stellen uns schützend vor uns selbst, obwohl es vielleicht schwer ist und Mut braucht. Doch wir zeigen damit auch anderen diesen Weg als Möglichkeit auf. Unser Miteinander basiert dann immer mehr auf Freiwilligkeit. Tun wir etwas für jemanden oder tut er etwas für uns, freut es uns umso mehr, weil wir wissen, dass er es freiwillig tut, und dann ist es ein echtes Geschenk.

Achtsame Begegnung
Versetz dich zurück in ein Gespräch, das du vor Kurzem geführt hast und das dich noch immer beschäftigt. Wenn du es noch einmal führen könntest, was würdest du anders machen? Notiere dazu ein paar Stichpunkte in deinem Notizbuch. Vielleicht ergibt sich eine Möglichkeit, diese Impulse in einem Nachfolgegespräch umzusetzen.

HEILSAME SPRACHE Wenn wir miteinander reden, ist schnell, wie eine Redensart sagt, „Porzellan zertrümmert". Schon ein paar nur so dahingesagte Worte können tiefe Verletzungen verursachen, die ein ganzes Leben bestehen bleiben. Heilsame Sprache ist hingegen ebenfalls ein Mittel, das uns mehr Ruhe, Frieden und Bewegungsfreiheit schenkt, denn sie hilft uns, auf sanfte, freundliche Art unsere eigenen Grenzen zu wahren und zugleich dem Gesprächspartner respektvoll zu begegnen.

Auf deiner Löwenreise bist du wahrscheinlich schon viel achtsamer für Abläufe und Zusammenhänge geworden, die sich in Begegnungen abspielen. Vielleicht fängst du automatisch an, mehr auf Sprache zu achten, darauf, was du selbst sagst und was du von anderen hörst. Vielleicht stellst du fest, dass ein bedachteres Reden und Zuhören mehr Vertrauen und Nähe erzeugen und weniger Unruhe und inneres Wirrwarr.

> Sobald du beginnst, dich in einem Gespräch unwohl zu fühlen, solltest du versuchen herauszufinden, was gerade nicht stimmt.

Die Bezeichnung „Gewaltfreie Kommunikation" (kurz: GFK) stammt von Marshall Rosenberg, einem amerikanischen Psychologen. Aus seiner Sicht ist die wichtigste Bedingung für GFK, dass wir während eines Gesprächs in Verbindung mit uns selbst bleiben, uns also nicht selbst verlieren. Gewaltfrei ist eine Kommunikation dann, wenn wir aufmerksam für die eigenen Bedürfnisse sind und diese für uns selbst und andere transparent formulieren. Wir teilen so sachlich wie möglich mit, was wir brauchen – als Bitte, nicht als Forderung. So können wir Grenzen setzen oder Nein sagen, ohne dabei verletzend oder emotional zu werden. Zugleich reguliert sich unsere Erwartungshaltung an dem anderen, der auch Nein sagen darf und dessen Bedürfnis ebenfalls respektiert werden will.

Voraussetzung für Gewaltfreie Kommunikation ist, dass wir uns gegenseitig wieder mehr zuhören und bestrebt sind, uns in die Lage des Gesprächspartners hineinzuversetzen. Im Idealfall können Gespräche dadurch authentischer werden.

Respekt statt vorschnellem Urteilen ist in der Gewaltfreien Kommunikation das übergeordnete Motto. Passend dazu sagt ein Sprichwort: „Du kannst dir kein Urteil über jemanden erlauben, dessen Leben du nicht gelebt hast."

Es kann Wunder wirken, wenn wir uns mitten im Wortgefecht die Frage stellen, was wir eigentlich gerade erreichen wollen.

Heilsam kommunizieren

Notiere dir auf ein Kärtchen oder in dein Notizbuch ein paar Stichworte dazu, welche Grundsätze der Gewaltfreien Kommunikation du bei deinem nächsten wichtigen Gespräch umsetzen willst (zum tieferen Eintauchen ins Thema findest du am Ende des Buchs im Literaturverzeichnis Marshall Rosenbergs Buch). Die Liste kannst du als Spickzettel bei dir tragen oder auch neben das Telefon legen. Sie könnte zum Beispiel so aussehen:

1. Was will ich wirklich ausdrücken (mein Bedürfnis)?
2. Welches Bedürfnis drückt der andere gerade aus?
3. Zeit nehmen zum Zuhören! In den anderen hineinversetzen.
4. Nicht verurteilend sprechen, das verletzt.

DIE KUNST DER EINFÜHLSAMKEIT Die Verbindung zu sich selbst zu verlieren, führt laut Marshall Rosenberg zu Gewalt, ob verbaler oder körperlicher Art. Für eine heilsame Kommunikation braucht es daher Menschen, die ihre Verbindung nach innen aktiviert haben. Nur wer seine eigenen Gefühle kennt und versteht, kann sie auch klar ausdrücken. Und er kann auch mit anderen mitfühlen

und wird zu einem verständnisvollen Gesprächspartner. So bekommt der Austausch eine ganz neue Qualität, denn es steigt die Wahrscheinlichkeit, dass tragfähige Lösungen gefunden werden. Dagegen stehen wir ohne Rückhalt von innen auch im Außen ohne Schutzschild da.

Marshall Rosenberg vertrat die Ansicht, dass die Umgestaltung unserer Sprache in ein einfühlsames Miteinander-Sprechen unser ganzes Leben verändert. Denn Empathie heilt, und zwar Empathie in jeder Hinsicht, also für andere und für uns selbst. Wenn dir jemand wirklich zuhört, ohne dich zu verurteilen, fühlst du dich angenommen, so wie du bist – und das ist eine tiefe menschliche Sehnsucht. Doch nur, wenn du dich selbst annehmen kannst, kannst du auch andere annehmen, wie sie sind. Also beginnt wie so oft alles an einem Punkt: bei dir.

SCHÖN, DASS ES MICH GIBT … so lautet ein Postkartenspruch, der an Geburtstagen zum Feiern des neuen Lebensjahrs ermuntert. Am besten, du feierst dich jeden Tag, rät der Löwe, denn das ist der einfachste Weg, um ein erfülltes Leben zu führen.

Die Löwenreise macht uns ein großes Geschenk: Sie führt uns heraus aus dem Chaos der dunklen Nacht der Seele und hin zu uns selbst. Die Wandlung wird sich in unseren Lebensumständen spiegeln. Der Nebel kann sich lichten und wir können mit neuer Klarheit erkennen, wer wir sind und was wir eigentlich wollen. Uns selbst zu würdigen und auch mal zu feiern, motiviert uns und eröffnet einen Raum für Freude und Entfaltung.

Überblick:
Stärke deine Löwenkräfte

Der Löwe steht für „Autorität, Selbstvertrauen, Kraft", schreibt Jeanne Ruland in ihrem Buch „Krafttiere begleiten dein Leben": „Ich hadere nicht mit meinem Sein, hol das goldene Licht der Sonne in mich herein, glaube an mich zu allen Zeiten." So ging es im letzten Teil der Löwenreise um dieses goldene Licht der Sonne – darum, in der inneren Festung unsere tatsächlichen Kräfte zu erkennen und sie im Zauber des Neubeginns zu aktivieren.

1. GENIESS DIE AUSSICHT: Dies ist der Moment, deine bisherige Reise und die damit durchlaufene Wandlung und Veränderung zu würdigen.

2. EILE LANGSAM: Überstürze nichts, gib aber auch nicht vorschnell wieder auf. Finde einen für dich stimmigen, kraftspendenden Lebensrhythmus.

3. INNERE FESTUNG – ÄUSSERE FESTUNG: Bring deinen Körper, deine Kleider und dein Zuhause wieder auf Vordermann, um für den Neubeginn optimale Voraussetzungen zu schaffen.

4. ERMÄCHTIGUNG: Je sicherer du dich fühlst, desto mehr traust du dir zu. Mach dir klar, wie stark du bist, und gib dir die Erlaubnis, diese Kraft zu aktivieren.

5. WAS WILLST DU: Finde heraus, was du wirklich willst, lass dich inspirieren und bring es auf den Punkt.

6. MANIFESTATION: Nutze deine innere Festung als magisches Manifestations-Labor, um Wünsche in dein Leben zu ziehen.

7. BEFREIUNG: Der Zauber des Neubeginns braucht Freiräume zur Gestaltung. Sprenge Grenzen, die dich zurückhalten, deine wirklichen Wünsche wahr werden zu lassen, dann ist dein Weg frei.

Nachwort

D er Löwe war dein Reiseführer. Und wenn du magst, bleibt er auch nach dem Ende des Buches an deiner Seite. Wann immer du ihn brauchst, zur Beratung oder Bestätigung, kannst du ihn rufen.

Erinnerst du dich an die erste Übung? Die Momentaufnahme. Nun schließt sich der Kreis, und noch einmal schlägt der Löwe dir die Übung vor:

Zweite Momentaufnahme

Nimm eine neue Seite in deinem Notizbuch und zeichne in die Mitte ein Strichmännchen: Das bist du. Nun schreibst du, mit Strichen oder Pfeilen davon abgehend, rund um das Männchen Aspekte oder Gedanken, die dich gerade beschäftigen oder dein Leben beeinflussen. Finde eine Überschrift für dein Bild, dann benenne das vorherrschende Grundgefühl und schreibe es unter die Skizze.

Vergleiche nun dein Bild mit dem, was du in der ersten Momentauf-nahme zu Beginn des Buches angefertigt hast. Zwischen beiden Momentaufnahmen liegt eine Löwenreise! Was hat sich verändert? Siehst du die Bewegung des Lebens im Vergleich deiner Bilder? Was fällt dir besonders auf?

Diese Übung kannst du auch in Zukunft immer mal wiederholen. Sie eignet sich für jede Situation, in der du dich wieder mit dir selbst verbinden möchtest, oder als kleines Ritual zu Jahresbeginn oder für dein neues Lebensjahr.

MORGENDÄMMERUNG Die Sonne scheint, ein neuer Tag bricht an – in „Feeling Good" singt Nina Simone vom einfachen Leben. Davon, den Vögeln und Fischen zuzusehen, den Schmetterlingen, wie sie durch die Luft tanzen. Doch sie waren nicht immer Schmetterlinge: „Diese alte Welt ist eine neue Welt" sagt das Lied. Es gab eine Metamorphose.

Ein neuer Tag wird uns geschenkt, und wir brechen noch mal unvoreingenommen auf, so wie damals, als wir in diese Welt geboren wurden. Wie könnte sich das anfühlen?

„Oh, freedom is mine", endlich Freiheit – doch dafür müssen wir bereit sein, etwas zurückzulassen: den Ballast, der uns gefangen hält. Auf den ersten Blick könnte man meinen, dass es im Leben auf das Anhäufen ankommt: Besitz, Ansehen, Reichtum oder Macht – diese Dinge verheißen das große Glück. Doch womöglich bringt uns nicht das Anhäufen weiter, sondern vielmehr das Herauslösen aus dem ganzen Gewicht, das uns Tag für Tag belastet. Betrachte den Schmetterling, wie er beschwingt und sorglos in der Morgendämmerung tanzt, sagt der Löwe: Lade den Geist der Leichtigkeit auch in dein Leben ein, lass ihn auf dich wirken und dich inspirieren.

DIE SACHE MIT DEN BRILLENGLÄSERN Wenn wir unverhofft die Chance haben, nach langer Zeit unsere Brillengläser mal wieder zu polieren, kann der erste Blick durch das lupenreine Glas eine Offenbarung sein. So sieht es also in Wirklichkeit aus! Warum hat mir das niemand früher gesagt? Warum habe ich mir die Brille nicht schon öfter geputzt? Aus Erfahrung wissen wir: Einmal putzen reicht nicht. Wir müssen dranbleiben und aufpassen, dass die Gläser sich nicht wieder zusetzen und unseren Blick verklären.

Wie oft und wie lange waren wir schon versucht, eine Illusion aufrechtzuerhalten? Wie oft sind wir dabei standhaft gegen unsere innere Stimme geblieben, die längst wusste, dass wir auf dem Holzweg sind? Doch wenn wir den Kontakt nach innen kappen, tun wir uns letztlich keinen Gefallen, denn wir ahnen ja, dass ein böses Erwachen kommen könnte.

Es ist nicht leicht, uns einzugestehen, dass wir den Tatsachen aus dem Weg gegangen sind, statt ihnen ins Auge zu sehen. Lassen wir uns schlussendlich darauf ein, tut das weh, doch zugleich setzen wir ein großes Potenzial für uns frei. Wir lassen los, was wir nicht mehr sind – und vielleicht nie waren –, und wir werden frei für den Weg, der uns wirklich entspricht. Stell dich den Tatsachen und beende oder ändere, was nicht wirklich stimmig ist, sagt der Löwe: Nur so kann sich zeigen, was dich wirklich ausmacht.

NEULAND Die Löwenreise ruft uns dazu auf, Neuland zu betreten. Und nicht selten stellt sich heraus, dass der dramatische Auslöser im Außen gar nicht das ist, worum es eigentlich geht. Er fungiert lediglich als Anstoß, um das Eigentliche zu eröffnen: ein neues Kapitel in unserem Leben.

Treten wir einen Schritt zurück und sehen uns die dunkle Nacht der Seele aus der Beobachterstellung an, könnten wir auch sagen: Jemand nimmt uns unsere Brille ab und putzt die Gläser. Das Leben fordert von uns, dass wir uns der Wahrheit stellen.

Doch welche Wahrheit ist gemeint? Ist Wahrheit nicht für jeden etwas anderes? Denken wir zurück an die zehn Menschen, die denselben Vortrag hören und ihn alle unterschiedlich interpretieren. Wer hat den Vortrag nun „richtig" verstanden und wer nicht? Wer kann behaupten, dass er mit absoluter Sicherheit weiß, welcher Sinn gemeint war und welcher nicht?

Der Löwe meint: Deine Wahrheit ist die, die du tief in dir spürst und die sich richtig für dich anfühlt. Du kannst sie im Grunde immer abrufen, sie ist einfach da. Und selbst wenn du dich gerade auf dem Holzweg befindest, dir etwas vormachst, dann bist du dir dessen auf einer tiefen Ebene bewusst – ist es nicht so?

> *Lebst du gerade in einer Illusion,*
> *dann weißt du es tief in dir.*

Die Wahrheit kann unbequem sein, doch sie ist immer ehrlich. Hingegen fühlt sich ein Leben in der Illusion schal an, denn es kann nur in einem begrenzten Rahmen stattfinden: Das Echte, Authentische bleibt hier außen vor. Das Fundament ist nicht stimmig, und was wir darauf bauen, wird nicht von Bestand sein. Mit der Zeit fühlen wir immer deutlicher, dass wir in eine Sackgasse geraten sind. Doch es ist nicht zu spät für eine Umkehr, meint der Löwe: Es ist nie zu spät.

JENSEITS VON ROSAROT Entscheiden wir uns für ein authentisches Leben, dann wird immer mal wieder eine Umkehr oder die Begegnung mit unserem Schmerz dazugehören. Das kann sich wie eine „Seitenstraße" des Lebens anfühlen: Es passt nicht in die perfekte Welt, die uns in der Werbung und im Hollywoodfilm gezeigt wird. Denn der dortige Subtext vermittelt uns ja, dass alles, was nicht in schillernden Farben daherkommt, weder begehrenswert noch erwähnenswert ist.

Der Löwe bedauert das. So, sagt er, entwerten wir doch den Großteil unseres Lebens, in dem wir eben nicht makellos oder allzeit perfekt und gesund sind. Wir konfrontieren unser Dasein mit einer nicht erreichbaren Hochglanzwelt, die uns zum permanenten Streben nach Perfektion zwingt, wenn wir ihr hörig sind. Wir verfangen uns in der schieren Unmöglichkeit, jemals irgendwo anzukommen, wo wir nicht weiterhetzen müssen, sondern uns so zeigen können, wie wir sind.

Der Löwe will uns auf den Weg fernab der Glitzerperfektion führen. Lassen wir uns auf diese oft steinige Strecke ein, können wir auf dem Weg ein Gefühl von Präsenz und Frieden erfahren. Wir können eine innere Festung finden, aus der heraus Zufriedenheit entspringt. Diese Ebene fühlt sich nicht an wie ein Bonbon in goldener Hülle, das schnell weg ist und uns nicht mehr hinterlässt als Zahnweh und einen Rest Abfall. Diese Ebene hat eine liebevolle Qualität. Sie setzt uns nicht vor die Tür, wenn wir mal nicht glitzern.

Man sieht nur mit dem Herzen gut,
das wesentliche ist für die Augen unsichtbar.

ANTOINE DE SAINT-EXUPÉRY

EIN LOHNENDER WEG Vielleicht können wir mit diesem Wissen gelassener reagieren, wenn die nächste große Herausforderung vor unserer Tür steht. Vielleicht können wir uns dann schon ein wenig leichter auf die Prozesse einlassen und darin die Chance sehen, zu wachsen und unser Potenzial zu entdecken. Vielleicht können wir so auch andere Menschen unterstützen, die sich gerade auf der Löwenreise, im Rückzug oder in der Neuausrichtung befinden. Wir können ihnen Verständnis und Mitgefühl entgegenbringen und sie auf ihrem Weg bestärken, anstatt ihnen zu vermitteln, dass sie gerade nicht „ordnungsgemäß funktionieren". Wir können ihnen ein wenig von ihrer Bestürzung nehmen und ihnen Wegweiser sein – hin zu ihrer eigenen Kraft.

Das Löwenbuch erscheint in einer Zeit, in der sich Wandel abzeichnet. Wieder einmal betreten wir Neuland, und was wäre hier eine bessere Unterstützung als eine innere Festung und den Löwen als Freund und Begleiter an unserer Seite? Die kollektive Reise ins Ungewisse kann umso besser gelingen, je mehr Menschen um diese Verbindung wissen und sie für sich gestärkt haben.

Mehr denn je sind wir aufgefordert, uns zu überlegen, was unsere Wahrheit ist und was wir für uns wollen, wie wir leben wollen.

VERLASS DICH AUF DEN LÖWEN ... denn das Gute ist: Er lässt dich nicht einfach im Stich, nur weil es eng wird. Er verkrümelt sich nicht, nur weil es ungemütlich wird. Er macht dir keine Vorwürfe, wenn du die Antwort nicht sofort parat hast. Die größte Herausforderung ist, mit Situationen umzugehen, die wir selbst nicht kennen. Doch mit einer inneren Festung und dem Löwen an unserer Seite können wir es leichter wagen, auch mal einen Schritt ins Unbekannte zu tun. Wir können es besser aushalten, mit Ungewissheiten und offenen Fragen zu leben – einfach, weil es bereits ein gutes Gefühl ist, die richtigen Fragen gestellt zu haben.

Wir können nicht wissen, was die Zukunft bringt, aber wir können die Gegenwart mit Vertrauen und unserer inneren Wahrheit füllen – und daraus Kraft schöpfen.

Wir können inmitten von Schwierigkeiten unsere persönlichen Möglichkeiten entdecken und uns darin üben, immer mehr wir selbst zu sein. Immer deutlicher kann sich dann ein Weg für uns zeigen, der sich richtig anfühlt: Unser ganz persönliches Lebensabenteuer.

Der Löwe hofft, dass dir das Buch gefällt, vor allem aber, dass es dir etwas gebracht hat. Er wünscht sich von Herzen, dass du den einen oder anderen Impuls daraus für dich mitnehmen kannst.

*Schaust du zurück und siehst nur die Spuren
von vier Löwenpranken, dann waren das die Zeiten,
in denen ich dich getragen habe.*

DEIN LÖWE

ZUM NACH- UND WEITERLESEN

Auster, Paul: Smoke and Blue in the Face: Two Films (Screenplay/Transcript).
Faber and Faber 1995

Braden, Gregg, in: Hay, Louise: You can heal your life. Allegria 2009

Campbell, Joseph: Der Heros in tausend Gestalten. Insel 1999

Coelho, Paulo: Der Alchimist. Diogenes 2008

Das magische Auge. Faszinierende 3D-Illusionsbilder von Magic Eye Inc.
ars edition 2019

Dispenza, Joe: Werde übernatürlich. Koha 2017

Duwe, Claudia: Raum für Übergänge. Kopaed 2001

Duwe, Claudia: Der kleine Alltagsmagier. Wie wir jeden Tag mit Freude und
Leichtigkeit erfüllen. Gräfe und Unzer 2019

Dyer, Wayne: Shift. Allegria 2010

Ende, Michael: Die unendliche Geschichte. Thienemann 1979

Hesse, Hermann: Siddhartha. Eine indische Dichtung. Suhrkamp 1974

Kern, Björn: Das Beste, was wir tun können, ist nichts. Fischer 2016

Lindau, Andrea und Veit: Königin und Samurai. Kailash 2018

Morrow-Lindbergh, Anne: Muscheln in meiner Hand. Eine Antwort auf die
Konflikte unseres Daseins. Piper 2011

Rilke, Rainer Maria: Briefe an einen jungen Dichter. Insel 1929

Rosenberg, Marshall: Gewaltfreie Kommunikation. Jungfermann 2016

Ruland, Jeanne: Krafttiere begleiten dein Leben. Schirner 2017

Strelecky, John: Das Café am Rande der Welt. Eine Erzählung über den Sinn des
Lebens. dtv 2007

Szeli, Alexa: Der alte Pfad und die Raunächte. BoD Norderstedt 2020

DANK Vom Manuskript bis zum fertigen Buch ist es ein langer Prozess mit vielen
kleinen Schritten. Für die wunderbare Zusammenarbeit, das achtsame Lektorat und die
Umsetzung des Löwen-Layouts möchte ich mich von Herzen beim Patmos Verlag
bedanken – insbesondere bei meinen Lektorinnen Heike Hermann und Marlene Fritsch.